【文庫クセジュ】

ルネ・ジラール

クリスティーヌ・オルスィニ著
末永絵里子訳

Que sais-je?

白水社

Christine Orsini, *René Girard*
(Collection QUE SAIS-JE ? N° 4106)

前185/180	ロドスのパナイティオス誕生	
前155	3学派の学頭がローマへの使節として送られる。カルネアデス（アカデメイア派）、クリトラオス（ペリパトス派）、セレウケイアのディオゲネス（ストア派）	
前154	ルキウス・アエリウス・スティロ、プブリウス・ルティリウス・ルフス誕生	
前150/140	セレウケイアのディオゲネス死去 タルソスのアンティパトロスが学頭になる	
前146より前	タルソスのアルケデモスがバビュロニアにストア派の学校を設立する	
前146頃		パナイティオスがスキピオと出会う
前130頃	アパメイアのポセイドニオス誕生	
前129頃	タルソスのアンティパトロス死去 パナイティオスが学頭になる。その弟子に、ロドスのヘカトンがいる	
前110/109	パナイティオス死去 学校の閉鎖（?）	スキピオ死去
前106		キケロ誕生
前100頃	アテナイのダルダノスとムネサルコスが「ストア学派の指導者たち」としてアテナイで活動する	
前95/85頃	タルソスのアテノドロス（カルウス）誕生	
前94	ウティカのカト誕生	

ストア派年表

	学派の歴史	外部のできごと
前334/333	キティオンのゼノン誕生	
前331/330	アッソスのクレアンテス誕生	
前323		アレクサンドロス大王死去
前312頃	ゼノン、アテナイへ到着	
前280/276	ソロイのクリュシッポス誕生	
前270		エピクロス死去
前270頃	ゼノンの弟子、キオスのアリストンが異端になる	
前262/261	ゼノン死去 クレアンテスが学頭になる	
前255より後	アリストン死去	
前230/229	クレアンテス死去 クリュシッポスが学頭になる	
前230頃	セレウケイアのディオゲネス誕生	
前210頃	タルソスのアンティパトロス誕生	
前208/204	クリュシッポス死去 タルソスのゼノンが学頭になる	
(?)	タルソスのゼノン死去 セレウケイアのディオゲネスが学頭になる	

本書は，2020年刊行の『ストア派』第1刷をもとに，オンデマンド印刷・製本で製作されています．

訳者略歴
川本 愛（かわもと・あい）
1986 年東京都に生まれる．
パリ第 4 大学修士課程（Master 2）修了
京都大学文学研究科博士後期課程研究指導認定退学
京都大学博士（文学）
主な著訳書
『コスモポリタニズムの起源――初期ストア派の政治哲学』（京都大学学術出版会，2019 年），『西洋中世の正義論――哲学史的意味と現代的意義』（共著，晃洋書房，2020 年），『権利の哲学入門』（共著，社会評論社，2017 年），「ストア派の倫理学における行為と規則について」（『西洋古典学研究』63 号，2015 年），『メルロ＝ポンティ哲学者事典第 1 巻』（翻訳協力，白水社，2017 年）など．

文庫クセジュ　Q 1033
ストア派

2020年 1 月20日　第1刷発行
2024年 2 月15日　第4刷発行
著　者　ジャン=バティスト・グリナ
訳　者 © 川本 愛
発行者　岩堀雅己
印刷・製本　大日本印刷株式会社
発行所　株式会社白水社
東京都千代田区神田小川町 3 の 24
電話　営業部 03（3291）7811 / 編集部 03（3291）7821
振替　00190-5-33228
郵便番号　101-0052
www.hakusuisha.co.jp

乱丁・落丁本は，送料小社負担にてお取り替えいたします．
ISBN978-4-560-51033-9
Printed in Japan

目次

凡例

・原注は各章の末尾にまとめて記した。

・亀甲括弧〔 〕は、訳注として、訳者による補足説明を本文中に挿入するために用いた。

序論

ルネ・ジラール（一九二三―二〇一五年）の思想はきわめて豊かな広がりをもつものであり、またそれによって、ずいぶんと誤解されてきた。一般の人びとからは、とりわけ歴史の意味について新たな地平を開いたと称賛され、心理学・経済学・民族学・教育学・宗教史あるいはさらに神学など、多種多様な分野の人文科学研究者たちから頻繁に参照されつつも、ジラールの思想は、これを真剣に受けとめ、その方法や成果について議論することを拒む多くの専門家や大学人らによって、その価値を下落させられてきた。なぜか。ジラールの仕事を貫く推進力が、その軌道上で、彼の仕事を学者の共同体における少なからぬ数の禁忌や慣例と衝突させることになったからである。彼の仕事はとりわけ、専門化への傾向と衝突することになったが、これは、専門化による自然科学の進歩があまりに著しかったので、人文科学がこれを模倣することをみずからの責務と考えるようになったがゆえの衝突であった。ジラールの探究は、学問分野の細分化や、人間的なものを消しさってどの社会でも死活問題となる重要な問題（典型的な例で言えば暴力）から距離を置く知の営みとは、根本的に異質である。このことは、ジラールの探究を「思想」として〔認可することを〕拒むものではなく、むしろ逆だが、科学たることをみずから標榜する営みに纏わりついた躓き《スキャンダル》の香りを説明しうるものである。

模倣論は、人文科学にとって、自然科学にとっての進化論と同じようなものなのか。ミシェル・セールが述べたように、ジラールは人類学におけるダーウィンなのか。そうした問いは、問いへの答えに関して賛同者と反対者とを分け、賭け金の重要さを教える。実際、ダーウィンが自身の仕事について述べているように、ジラールの模倣論もまた、「徹頭徹尾、論証に次ぐ論証」である。ジラールが提示する諸々の命題は、一つの体系を成す諸々の学的仮説のような様相を呈している。まず欲望論、次に宗教論と来て、最終的に、進化論的な枠組みで言うと、一面において科学的であり、他の面では――こちらが大いに物議《スキャンダラス》を醸《だった》したのだが――神学的であるような、基礎的人類学がそれである。そこで問題になっているのは、その個々の局面が、多くの学問分野の研究者たちによってのちに展開されうるような（すでに展開されているが）並外れて壮大な企て、「人間とは何か」という問いに答えようとする、壮大な企てである。

この問いに対するジラールの答えは、「人間は模倣的動物である」というきわめてシンプルな定式のうちに留まっているように見える。だが、自分の存在を他者たちに借りる存在とは、いったい誰なのか。自分が模範として選んだものの複製か。とはいえ、いかなる模範もまた、複製の複製であり、以下同様である。近代の個人主義とは真っ赤な嘘なのだ。ジラールの体系へ参入するには、われわれに実は取り憑いているもの、すなわち「自我」なるものが一挙に剝がれ落ちるのを目の当たりにせざるをえないだろう。「自我」こそが、ある種の当惑を引き起こしかねないものなのである。『精神分析入門』のなかで、フロイトは、人間の誇大妄想を見事に覆した偉大な発見者たちの系譜に名を連ねつつ、〔学界からの〕自説への執拗な抵抗を説明している。偉大な発見者たちの先駆けであるコペルニクスは地動説を提唱し、ついでダーウィンが人間を、動物の子孫という本来の位置に置き直した。最後にフロイトが、無意識の発見によって第三の否認をもたらすが、その意味するところは、「自我は自分自身の家の主人ではない」ということである。ジラールは、自我にはそもそも家がないことを暴きだすことによって、われわれの人間的な傲慢さに第四の否認をもたらすのではないか。

　模倣論の普及にとって最大の障壁となるのは、ジラールの聖書解釈である。この解釈は人類学的見地からなされたものであるが、人文科学の無神論的思いなし《ドクサ》にとっては躓きの石となるような、「人間についての学は啓示〔訳注：神による真理の開示〕によって可能になった」という確認の言葉で締めくくられる。旧約聖書の預言的テクストに始まり、新約聖書の福音書とキリストの受難によって完成される贄のメカニズムの啓示〔暴きだし〕は、ジラール人類学の隅石《コーナーストーン》である。とはいえ、ジラールは絶えず、彼の発見が学的仮説として正当に扱われることを求めた。自身の発見を先人たち、とりわけフロイトやレヴィ＝ストロースの発見と対峙させつつ、ジラールが望むのは、諸々の創設の秘密を暴くためにも、われわれが生きているこの時代を理解するためにも、人びとに、彼が発見した事柄の説明的潜勢力を吟味してもらうことなのである。

第一章　或る知識人の人生行路

I　アヴィニヨンでの幼少時代

ルネ・ノエル・ジラールは、一九二三年のクリスマス、アヴィニヨンの、裕福とは言えないが教養豊かな中産階級の家庭に、五人兄弟姉妹《きょうだい》の第二子として生まれた。父親のジョゼフ・ジラールは国立古文書学校の出で、教皇の都アヴィニヨンに関する歴史書の著者である。同市にあるカルヴェ美術館とその附属図書館の学芸員を務め、のちにアヴィニヨン教皇庁の学芸員となった。母親のテレーズ・ファーブルは文学と音楽を好む人で、自由な精神をもつ偉大な女性であった。母のおかげで、ルネ・ジラールは小学校をサボることもできた。学校の休憩時間にできる小グループや教師たちの独裁に、彼は耐えられなかったのである。独学者として歩むことになる彼の長い道のり《キャリア》は、一人で読書することを覚えることから始まる。挿し絵の入った子ども向けの『ドン・キホーテ』や、私刑《リンチ》を加える群衆とスケープゴートの実例に富む『ジャングル・ブック』は、忘れえぬ読書体験である。「私は、幼少の頃の自分が、大人になった今の自分とつねに共にあるという深い感じを持っています。人生のあの時期にリアルに体験したことに今でも包まれている気持ちでいようと、私はいつも心がけてきました。美味しい食べ物や、私が自分用にアレンジした『ドン・キホーテ』のような、シンプルな物事に(1)」。そうした幸福を味わった場所は、彼がヴァカンスを過ごすオーヴェルニュ地方にあるヴィヴロルという村である。高校では優等生とお調子者の二足の草鞋《わらじ》を履く。やがてお調子者としての顔が優等生としての顔を凌駕するようになり、彼は哲学のクラスを最初からやり直すことになる。「自由な〔訳注：就学していないが個別の受験資格をもつ〕」受験者としてバカロレア〔訳注：高校などの中等教育修了資格と大学などの高等教育入学資格を兼ねたフランスの国家資格（試験）〕を受け、彼は見事な成績を収める。父親から見直された彼は、高等師範学校《エコール・ノルマル・シュペリウール》の入学試験に備えるため、リヨンへ向けて発つ。

この計画は、おそらくそれがルネ・ジラールをフランスの大学人にしたのだが、〔一九四〇年から一九四四年にかけての〕ナチス・ドイツによるフランス占領によって、頓挫させられることになる。「あまりに苛酷な」生活環境から抜けだして、青年は、高等師範学校《エコール・ノルマル・シュペリウール》受験のための準備学級文科一年次クラスに入るのを断念し、実家へ戻る。彼はパリの国立古文書学校への入学準備をすることを受け入れ、両親の支援のもと、再び一人暮らしを始める。パリでの生活はリヨンにいる時よりも悪くなる。だが、彼にはもはや選択の余地がなく、一九四七年に古文書学士の学位を取得する。彼の未発表の学位論文は、『十五世紀後半のアヴィニヨンにおける私生活』に関するものである。だが、彼の研究は無味乾燥な学識満載で、彼自身を納得させるものではなかった。彼は自分の持ち味を見いだすに至っておらず、いずれにせよ、古文書管理人という職業には向いていないと感じたものの、フランスのシステムの厳格さは、彼にほとんど職業選択の機会を与えてくれなかった。

一九四七年夏、アヴィニヨン。多くの画家を友人にもちルネ・シャールの友人でもある美術商、クリスチャン・ゼルヴォスによって企画された、或る名高い絵画展（ピカソ、ブラック、マティス、カンディンスキーほか多数）の準備において、彼は心躍る役割を果たす。アヴィニヨンの高校時代、ルネ・ジラールは小さな「文学」グループのメンバーであった時期がある。だが、そのグループの趣味嗜好は、とりわけシュルレアリスムについては、彼の好みと合わなかった。シュルレアリスムの詩人であり、フランス義勇軍（ＦＴＰ）における大佐の肩書きをもつルネ・シャールにはオーラがあり、或る小規模なサークルのアイドルであったが、ジラールは当時プルーストに開眼したところで、そのサークルに本当の意味で属しているわけではなかった。とはいえ、彼はルネ・シャールを介して美術商ゼルヴォスと出会ったのであり、彼の父親が教皇庁の学芸員を務めていたこともプラスに作用して、友人とともにこの展覧会の準備に当たるよう任された。ピカソのアトリエに招き入れられたり、小型トラックで数々の名画を運搬したり、ブラック、マティス、レジエ、そしてとくに第一回アヴィニヨン演劇祭のために現地を訪れたデビュー当時のジャンヌ・モローやシルヴィア・モンフォールらと日常的にすれ違ったり……フランスの良き思い出である。

II　アメリカ流謫

それにもかかわらず、ルネはアメリカ人になろうとしていた。彼のお眼鏡にかなう求人広告がなかったので、アメリカでフランス語講師のポストができたのを機に、ヨーロッパを離れることを選んだのである。一九四七年九月、彼はアメリカ行きの飛行機に搭乗した。もともとは二年間だけの滞在予定であったが、生涯をアメリカで過ごすことになる。この流謫以前の時期にも以後の時期にも、偶然を必然に変えた諸々の深い原因を探ることができる。

二〇〇五年十二月、アカデミー・フランセーズで行われた素晴らしい応答スピーチ〔訳注：アカデミー・フランセーズへ新会員が正式に入会する際に行われる、新会員による入会スピーチに応答して現会員が行うスピーチ〕のなかで、彼の友人であるミシェル・セールは、ジラールのアメリカ永住の原因が、「ヨーロッパで行われた諸々の戦争が孕む犯罪的狂気」への極度の恐れにあるとする。ジラールはこの激しい恐怖を暗黙の裡《うち》に認めている。彼を受け入れてくれたインディアナ大学のキャンパスで、戦中戦後の歳月を経たあとでは「あまりに容易な」生に酔いしれるまま、端的に生きることの快楽に耽るままになったのも、その現われであろう。だが、本人がジャン＝ピエール・デュピュイ(2)に打ち明けるには、彼がフランスへ戻らなかったのは、大西洋を渡っていなかったら、おそらく絶対に何も書かなかったであろうからである。アメリカ大陸を予想外の人類学的研究所とすることになりえたさまざまな理由を検討するなかで、デュピュイは、この流謫というきわめて単純な事実、若き日のルネが自分を育んだ自然的環境、より正確には文化的環境から進んで距離を取ったという単純な事実を、第一の理由と考える。

事実、インディアナ大学ブルーミントン校で、業績がないという理由で最初のポストを失ったのち、そして東から西へ、大学から大学へとアメリカを渡り歩いたのち、ルネ・ジラールはみずから「風来坊」となった。でもだからといって、自分は排除されているという亡命者の怨恨《ルサンチマン》、カミュ『異邦人』の登場人物のうちにあって彼が見事に分析している自己欺瞞に染まったあの傲慢さを、ジラールが強く感じることはなかった。「実際、私は拒絶されているという感じをまったく覚えませんでした、そういうイメージを自分についてもつことを好む多くの知識人たちのようには(3)」。流行から隔たったところで——流行に抗ってとさえ言えるだろう——また、彼にはつねにその傾向があったように、独学で仕事をするため、ルネ・ジラールは、それが学識のひけらかしに終始するものであれ「芸術のための芸術」に終始するものであれ、自分に合わない文化的環境から解放されるだけでなく、一種の麻痺状態からも解放されねばならなかった。彼が出来あいの思考や流行りの思想に対して闘いを挑んだのも、読んでおくべきとされるものを読むのを激しく嫌悪したのも、若きプルーストが苦しんでいたような模倣の病を彼が免れたからではない。むしろ逆だ、と彼は言う。「私の場合はプルーストよりも症状が進行していて、知性の面で、手の施しようがないほどの壊滅的な無能さにさいなまれながら過ごしたのです(4)」。

二十五歳の若き語学講師は、フランスでお目にかかれなかったような刺激的な労働環境を存分に活用し、『(一九四〇年から一九四三年の)フランスに対するアメリカの世論』と題される博士論文で現代史の博士号を取る準備を進め、一九五〇年に学位を取得することになる。一九四〇年のフランス敗北を受けてアメリカの世論に生じた豹変について、彼はこう書いている。「軍事的敗北の一か月後、アメリカでは一五〇〇年の歴史をもつフランスの文化教養をあまりにも急激に忘れ去ることができる者たちが出てくるのを目の当たりにして、いささか狼狽した」と。彼にしてみれば、アメリカ中西部の、保守主義と盲目的愛国主義が浸透した地方在住のフランス人知識人として、「アメリカ風の生活様式《アメリカン・ウェイ・オブ・ライフ》」の恩恵に浴する一方、それに対する苛立ちも覚えていた。「感謝する敗者」という、アンビバレントで、とりわけフラストレーションの溜まる感情のただなかで。彼は当時、サン＝ジョン・ペルス〔訳注：フランスの詩人で外交官。ナチス・ドイツによるフランス侵攻中、アメリカ合衆国へ亡命し、一九六〇年、ノーベル文学賞を受賞した〕のうちに、みずからの流謫の境遇を再び大いに愉しむことを可能にしてくれる著述家を見いだす。難解ではあるけれど、喚起力と解放力があると評判の、この著述家の言葉づかい、「現実から遊離した、抽象的で哲学者のような」言葉づかいとは対極にあるその言葉づかいに、彼は感じ入るのである。

III　フランス文学教師として

ルネ・ジラールは一九五一年にマーサ・マクロウと結婚する。そして、最初のポストを失うという決定的な痛手のあと、ノースカロライナ州にあるデューク大学で同種のポストを再び見つけるというチャンスを得て、仕事に取りかかる。アメリカの主要な文学研究誌上で、彼は矢継ぎ早に論文を発表する。彼の処女論文はサン＝ジョン・ペルスに関するものであり、アンドレ・マルローに関する論文四本と、フランツ・カフカに関する論文一本がそれに続く。もうそこはアメリカ南部だと言える場所、タバコの一大生産地の中心都市ダーラムに、彼は一年間滞在する。人種間の軋轢がもたらす社会不安とそれに伴うさまざまな暴力が、当時、凄まじく吹き荒れていた。ジラールは「本当はそこにあるにもかかわらず、大多数の人間がそれを引き受けることを拒んでいる意味をすばやくつかみ取って作品にしてくれた」ことをウィリアム・フォークナーに感謝している。「もし正式に認められていれば、司法府の最高度の保障のもと、私刑《リンチ》に相当するすべての案件を、自動的に連邦レベルで通過させることになっていたであろう法律を認証することにまったく成功しなかったあの連邦議会の醜聞《スキャンダル》」(5)を彼は思い出す。

論文を発表して業績ができたおかげで、ジラールは一九五三年、ペンシルバニア州ブリンマー大学の助教授《アシスタント・プロフェッサー》となり、そこに四年間留まることになる。一九五四年に発表された「ヴァレリーとスタンダール」についての論文のなかで、彼はヴァレリーの知的独我論を批判し、ヴァレリーがスタンダールに向ける「自己欺瞞（mauvaise foi）」という糾弾をヴァレリーへと突き返す。虚栄心の天才的な分析家であるスタンダールに賛同することで、このテクストは、ロマネスクの真実によるロマンティークの虚偽の啓示〔暴きだし〕を先取りするものとなる。蔵書の豊富なキャンパス内の図書館で、彼は多くの書物を渉猟し始める。マルロー、サルトル、そしてもちろん、授業の題材にしなければならなかった十九世紀・二十世紀の小説家たち。歴史学者としての訓練を受けつつもいったん文学教師になってしまうと、彼が偉大な文学作品を発見するのは、独学によってである。芸術のための芸術というテーゼに毅然と反旗を翻す彼は、同時代の文芸批評を認めない。そうした文芸批評が作品一つ一つを一個の「世界自体」とみなすのに対し、真理に対する彼の気遣いは、諸々の作品間の類似点を探しだすことへと、そして見いだされた類似点を現実との連関のうちに置くことへと彼を駆りたてる。

ルネ・ジラールは、アメリカでの文学修養時代について問いたずねられた時も、サルトルに関して多くを語っていない。サルトルについて、彼はさまざまな雑誌に論文を書いており、企投や自己欺瞞、媚態において〈（大文字の）他者（l'Autre）〉が演じる役割をめぐる「彼の目に素晴らしく映った」諸々の分析を、サルトルの『存在と無』から取り上げてはいるのだが。それに対して、マルローの作品やその芸術論を読むことは彼を熱狂させる。ルネ・ジラールはどこからどう見ても「現実主義者《リアリスト》」であり、文壇で言われるように、テクストは現実世界のうちに「指示対象」を持たねばならず、現実存在するものについて語らねばならないと考える。マルローは世界の非人間化に芸術の非人間化を対応させた。彼は原始美術の様式と「われわれが世界のうちで行なうこと」との間に連関を見て取った。「ヨーロッパが新たな悪魔どもの出現を目撃すればするほど、古の人びとからそれを伝え聞いていた諸文明は、ますます先人たちをヨーロッパの芸術へと向かわせる」とマルローは書いていたのではなかったか。ジラールによれば、マルローが持ち上げたのは、「われわれの時代の恐るべき秘密の上に置かれていた巨大な墓石」、絶対的暴力への入り口に置かれていた巨大な墓石である。「時代のただなかで、何事もなかったかのようなふりをすることなく、語ることは可能である」[6]ことを彼は証明する。このフランス文学教師のおもな経験や読解に共通する点は、ほぼ書物を通してしか知りえないような文化が「古文書の埃」の下に隠している現実の実相を暴きだす〔啓示する〕ことである。ナチス・ドイツのフランス占領期がその悪しき前兆であった、人間たちが互いに加えあう、終わりなき暴力という現実の実相を。

Ⅳ　ジョンズ・ホプキンス大学（一九五七―一九六八年）

一九五七年、ジラールはメリーランド州ボルチモアにあるジョンズ・ホプキンス大学の准教授《アソシエイト・プロフェッサー》に任ぜられ、そこで十一年を過ごすことになる。ジョンズ・ホプキンスは威信のある大学で、錚々《そうそう》たる教授陣がそろっており、そのなかから彼の友人となる人物が出てくる。とりわけチェザレオ・バンデラと、ダンテの専門家であるジョン・フレッセロがそうである。ジラールはまだ数本の論文しか発表していなかった。彼の評判はその授業に由来するものである。彼は傑出した教師であり、のちに彼ら自身が教員や研究者となる多くの教え子たちが言うように、カリスマ性があった。

一九五九年秋、彼の知的および霊的生活がひっくり返る。彼はちょうど最初の著作『ロマンティークの虚偽とロマネスクの真実』の結論部を書いているところであり、内容はセルバンテスからプルーストまでの小説史に相当するものであった。彼は「ロマネスク的回心」を探査する。「ロマネスク的回心」とは、その途中で小説家が、あるいは彼の描く登場人物が、自分は「おのれの自我の得になるよう振舞う嘘つきであり、この自我も実は、長い間積み重ねられた無数の嘘でのみ、時には生涯に亘ってため込まれる無数の嘘でのみでき上っている(7)」ことを発見する、そういう性質のものである。この「回心」は宗教経験とのさまざまな類比を示している。ルネ・ジラールは、誰もがそうであるように、自分の懐疑主義を高く評価していたのだが、そうであればこそ明白な事実には屈する。彼は自分が記述する経験をちょうど自分自身で体験しているところであり、それでキリスト教に回心するのである。人生を信仰と一致させるため、彼は「命令への召喚」と彼自身が呼ぶところのものを数か月間待つことになる。カトリック教会への彼の入信は一九六〇年の復活祭に遡る。その際、彼は子どもたちに洗礼を受けさせ、妻とともに結婚の秘跡を受ける。これらの事実を詳しく物語りながら、一九九四年のミシェル・トゥルゲとの対談の際(8)、ルネ・ジラールは、彼の回心が、情感的である以前に、知的かつ霊的なものであると明確に述べている。

『ロマンティークの虚偽とロマネスクの真実』は、一九六一年にグラッセ社から刊行される。著作の冒頭に、マックス・シェーラー『ルサンチマンと道徳的価値判断について』(一九一二年)から次の一節が引用されている。「人間というものは、神か、偶像を所有する」。この引用はレオ・シュピッツァーを介して彼に着想を与えたものである。シュピッツァーはその文献学者としての輝かしい経歴をジョンズ・ホプキンス大学で終えようとしていたが、ジラールの書くものを共感をもって読んでいた。それに対し、ジョルジュ・プレの文芸批評はジラールに厳しく教訓を垂れるものであった。「文学をこんな風に扱うわけにはいかない」と。だが事実、文芸批評の体裁を取ったこの書物においてルネ・ジラールの興味関心を引いているのは文学そのものではなく、心理学・社会学・歴史学、そして形而上学さえ含めた、ほぼあらゆる次元における人間の現実であって、偉大な文学のみがこれを把握できる。ここでは小説しか問題になっていないとしても、その理由は偶然的なものである。「この書に記したような冒険に乗りだしたきっかけは、私が担当した授業です」。模倣的欲望という直観、そしてこの欲望の、多くを説明できるのみならず多くを生成できるという意味での潜勢力に対する直観を、ジラールはみずからの回心の前段階に、私的であると同時に知的である、一つの重大な経験として体験したのである。「私はそこに一つの塊があるように感じていました。その塊のなかに、自分が少しずつ浸透していったんです

［……］」。「ジラール体系」なるものがあるわけではありません。私は一つのユニークで、しかしきわめて濃密な直観を、開発していくだけなのです」⑼。

この直観、模倣的欲望という直観を、セルバンテス、フローベール、スタンダール、ドストエフスキー、そしてプルーストという幾人かの偉大な小説家は演劇《ドラマ》仕立てにし、そのダイナミズムをみずからの作品のなかで開示〔啓示〕してみせた。重要なのは、滅多に告白されることのない欲望、自己であることをやめることなく他者でありたいという欲望である。自分自身に対してつく嘘の本質は、われわれの抱く諸々の欲望がわれわれ自身のものだと信じこむことにある。これがロマンティークの虚偽である。ロマネスク的天才の本質は、この虚偽から離脱すること、われわれの自律が一つの擬餌《ぎじ》、「近代の偽りの約束」であって、われわれの欲望は模写されたものであると示すことにある。社会生活は、ただたんに利害関心に基づく諸々の階級関係へと帰着するわけではなく、諸々の虚栄関係へと、つまりは俗物主義《スノビズム》へと、その他大勢と区別される別格な存在でありたいという狂おしい欲望、だが逆説的にも、われわれをわれわれの「模範」に酷似するよう仕向ける欲望へと帰着する。このロマネスクの真実は、人類学者・社会学者・心理学者、そして他の人文科学の専門家たちの目を逃れている。文化的作品の大多数のうちにはただ映しだされて〔反映されて〕いるだけで、この真実が十全に暴きだされる〔啓示される〕のは、偉大な文学においてのみである。ドストエフスキーは、歴史の舞台への登場がマルセル・プルーストより先だとしても、この観点から言えば最も「近代的な」作家、模倣的欲望によって生みだされる、隠れた敵対関係の、病的で破壊的な諸結果の探査において、最も遠くまで赴いた作家である。

フランスにおけるこの処女作の受容は、どちらかと言うと期待外れなものだった。『媒介《メディアシオン》』のリュシアン・ゴルドマンや『批評《クリティーク》』のミシェル・ドゥギーの賛辞に満ちた書評がなければ、『ロマンティークの虚偽とロマネスクの真実』は、現に多くの読者たちを揺さぶったにもかかわらず、歯牙にもかけられなかったか、ほぼ黙殺状態になっていただろう。だが実際は、その全体を貫く赤い糸が模倣的欲望であるような一つの人類学的探究の第一段階となった。この書が英訳されるや、その質の高さは、当時ジョンズ・ホプキンス大学で教鞭を執っていた何人かの高名な文学専門家の知るところとなり、ルネ・ジラールは正教授《フル・プロフェッサー》に任命される。パリへ戻って教鞭を執るという考えに魅了された時期もあったが、海外の研究機関への移籍を検討するには、彼はあまりにも研究に打ち込んでいたし、第三期課程〔訳注：現在の博士課程に相当〕の学生で、とくに有望な教え子たち（エウジェニオ・ドナート、エリック・ガンズ、アンドリュー・マッケナほか）に愛着を抱いていた。ジラールは一九六三年、プロン社からドストエフスキーについての試論『ドストエフスキー——二重性から単一性へ』を出版する。

V 「フレンチ・セオリー〔フランス現代思想〕」

一九六六年、エウジェニオ・ドナートやリチャード・マクセイとともに、ルネ・ジラールは「批評の言語と人間の科学」と題された国際シンポジウムの共同主催者を務める。参加者は、バルト、ゴルドマン、ラカン、ポール・ド・マンなど、当該学問領域内外のスターたちである。レヴィ＝ストロースが参加を辞退したため、ミシェル・ドゥギーの助言を受けてジラールが招待したのは、ジャック・デリダである。この歴史的シンポジウムは、フランス現代思想を——これにはのちに「フレンチ・セオリー」という洗礼名が与えられるのだが——アメリカに売りだすものとなった。ポスト構造主義や脱構築は、大学という限られた世界での時流に乗った成功という以上の成果を収めた。それらはイデオロギー的・教育学的な一大変動の発端となった。完全に咀嚼されてアメリカナイズされた精神分析以上に、脱構築は、ジラールが時に冗談交じりに言うように、アメリカの学界への、ヨーロッパからの「ペスト」の移植であった[10]。

ジャック・デリダの仕事に感嘆し、ジラールは、ヨーロッパ文化全体を誤った方向へ導いたと彼自身が糾弾するところの「古臭いドイツ観念論」の脱構築を歓迎すべきものと考えた。だが、ジョンズ・ホプキンス大学で至るところに見受けられる「認知的虚無主義《ニヒリズム》」や政治的直接行動主義の雰囲気は、人類学を専門とするこの独学主義の研究者にとって息苦しく感じられるようになる。ジラールが当時取り組んでいたのは、古代宗教と、文化創設のメカニズムを彼に暴きだして〔啓示して〕みせてくれる諸々のギリシア悲劇である。一九六八年、彼はジョンズ・ホプキンス大学とボルチモアを離れ、バッファロー大学へと向かう。

VI　バッファロー大学時代（一九六八―一九七六年）

彼は八年間、ニューヨーク州立大学バッファロー校で教鞭を執り、一九七一年に同大学から特別教授《ディスティングイッシュト・プロフェッサー》の称号を得ることになる。アングロ・サクソン系の人類学者たちの研究業績のなかから模倣的対抗の数多の事例を発掘していたエウジェニオ・ドナートの助言に従い、ジラールは、フレイザー、マリノフスキー、ラドクリフ＝ブラウン、ロバートソン・スミスその他の著作を休みなく読み始める。「あれはおそらく私の生涯で最も強烈な知的経験です[11]」。『トーテムとタブー』や『モーセと一神教』のフロイトから「始祖殺し〔訳注：ジラール自身の供犠論をふまえるなら、文化や秩序を創設する機能をもつ殺害行為と解することも可能〕（meurtre fondateur）」という直観を再び取り上げ、ジラールはこれを、さまざまな模倣的対抗の暴発の致死的な幕切れとして記述する。諸々の差異を溶解させることによって、模倣《ミメーシス》は事の渦中にいる者たちを互いの「分身」に、仲間内で相争う殺人者に変える。この暴力が絶頂に達した時、「万人の万人に対する〔闘争〕」は、スケープゴートのメカニズムによる「万人の一者に対する〔暴力〕」へと変貌する。このメカニズムが、奇跡的に危機を解消することになるのである。

模倣的欲望という直観を得て以降、そしてこれを起点として、ルネ・ジラールは、諸文化の発生について自身の仮説を構築するのに必要な第二の概念的道具立てを発見した。『暴力と聖なるもの』は一九七二年に刊行される。読み手の反応にがっかりするのは例によってお約束で、多くの批評家が今作『暴力と聖なるもの』と前作『ロマンティークの虚偽とロマネスクの真実』の間の連続性を読み取っておらず、著者ジラールとしては、人類学者の側からのこれほどネガティヴな反応を予期していなかった。とりわけレヴィ＝ストロースについては、一章を割いて論じたにもかかわらず、当人は沈黙を守った。ジラールの主張が認められ論じられるなど称賛を受けたところでは、この書は一つの「事件」として好意的に迎え入れられた。ジラールは過去の遺産を一掃することなどまったく考えておらず、むしろ遺産の継承者として振る舞い、宗教人類学の伝統と切り結ぶ。彼がその機能の仕方を記述する、贄のメカニズムという第二の概念的道具立てのおかげで、脈絡を欠いたばらばらな諸直観に一つの総合的な枠組みを提供することにより、彼は先人たちの発見を起点としつつ、革新を起こすのである。

バッファローでジラールはミシェル・セールと知り合う。セールは海軍兵学校の出で、また、哲学は諸学との関係においてのみ構成されうるとする或る伝統を出自としていた。彼の科学史の仕事は、諸々の学問分野を隔てる垣根を超えることへと、たとえば、古代ローマの詩人であり哲学者であるルクレティウスの詩を科学書のように扱うことへと、彼を導いた。セールは「神話は知に満ちており、知は夢と幻想に満ちている」[12]と考える。彼としてはルネ・ジラールの思想にひたすら賛同することしかできなかった。ジラールの仕事が複数の学問分野を一つにまとまらせ、起源に関する一つの学的仮説を構築するものだからである。それにセールは、ジラールの学説がもつ説明的な潜勢力にいち早く説得されていた。

ジラールがシェイクスピアに本当の意味で関心を持ち始めるのも、バッファロー大学時代である。きっかけは『真夏の夜の夢』という喜劇で、この作品では模倣的欲望や模倣的対抗のみが問題となっているという。彼の熱狂ぶりは凄まじく、模倣論の全体を、しかもきわめてはっきりした形で、シェイクスピア作品のうちに見て取るほどである。何と言っても、始祖殺しは、悲劇『ジュリアス・シーザー』の中心に位置するものだから。

VII　ジョンズ・ホプキンス大学時代（一九七六―一九八一年）

一九七六年、ルネ・ジラールは四年間の予定でボルチモアへ戻る。彼はフランス語で『地下室の批評家』[13]を出版する。この選集には、一九六三年にプロン社から出たドストエフスキー論（『ドストエフスキー――二重性から単一性へ」』）や、カミュの『異邦人』論（「『異邦人』の新たな審議に向けて」）が再録されている。後者はもともと英語で書かれたもので（「カミュ『異邦人』再読」）、一九六五年にアメリカで褒賞されている。『地下室の批評家』には他にも、ダンテ『神曲』やヴィクトル・ユゴーにおける怪物たち、一九七二年に刊行されたジル・ドゥルーズとフェリックス・ガタリの共著『アンチ・オイディプス』についての試論が収められている。

長期に亘って書き記されてきたものの、これらの試論は、その中心となる考えをめぐって驚くほど一貫している。その考えとは、作家の作品のなかには、知的観点から言えば同じ作家の別の作品より優れたものがあるということ、たとえばドストエフスキーの代表作（『カラマーゾフの兄弟』（一八八〇年））は、彼の若書きの作品（精神分析が好んで題材にするもの）より優れているということ、あるいはさらにカミュの『転落』（一九五六年）は、ジラールが厳しく非難する傲慢なロマン主義小説『異邦人』（一九四二年）より優れているということである。ジラールは、精神分析に対してとくに批判的なこれらの試論のなかで、科学を忌避するのではなく、「いかに予期せぬ場所であろうとも、それが見いだされるところでは科学を追求しなければならない」[14]と断言している。偉大な文学（ギリシア悲劇、シェイクスピア演劇、近代のロマネスク的名作）を例に取ってジラールが行なう解釈は欲望論全体を養うことになったし、基礎的人類学を新たに構築するには、この欲望論からの帰結を展開するだけで彼には十分だった。

この新たな人類学は、『世の初めから隠されていること』の出版によって一九七八年に日の目を見る。

二人のフランス人精神科医、ジャン＝ミシェル・ウグルリヤン、ギ・ルフォールとの対談を記録したものである。だが実は、たとえこの二人の同行者が、著者が時間をかけ、『暴力と聖なるもの』の出版以前に開始された仕事にひと夏かけて「けりをつける」ことを許してくれたとしても、ルネ・ジラールは、ソクラテスをおもな語り手とする対話篇におけるプラトンのように、〔二人の〕対話者には師の言葉に忠実な弟子の位置しか残していない。著作の第三部は、二人が本領を発揮する場である心理学に充てられている。だが彼らにとくにあてがわれた役割は、良い質問をすることと、難解な思想を、適宜別の言葉で言い直すことである。ジラールはこの書に含まれる啓示に関する執筆上の窮地に陥っていたと考えておかねばならない。文化の宗教的創設という前回の著作で示された仮説を待ち受けていた冷めた歓迎は、一つの宗教が、それもただ一つの宗教〔キリスト教〕が、人間世界の真理を啓示するという今回の著作における主張の好意的な受容を予想させるものではなかった。ジラールの学的仮説は実際、聖書の、それも主として福音書の真理と一致するものであったから。

　学問界のウルガタ〔訳注：原意は、四、五世紀に聖ヒエロニムスが訳したラテン語訳聖書で、一五四六年トレント公会議によってローマカトリック教会公認の聖書とされたものであるが、ここでは学界の不文律、学者間の暗黙の了解の意〕が定める幾つもの禁忌《タブー》、とりわけ諸々の学問分野の「専門化」に関するもの〔自分の専門分野を究めるべきであるから、専門外の研究領域には軽々しく踏み込まないという不文律〕と、諸々の起源をめぐる学説の不可能性に関するもの〔文化と秩序の起源、神々と人類の起源はいかなるものであるかというような根本的かつ重大な問いには軽々しく答えを出せないという暗黙の了解〕とに背いてしまったあとでは、ルネ・ジラールは何をしても学者の共同体からひんしゅくを買うことになる。学者の共同体は、学問的精神それ自体、諸々の供犠文化の聖書による脱神話化から生じるという考えを受容する用意ができておらず、とくにその聖なるものの批判的検討において伝統的な宗教人類学もかつてこれほどラディカルではなかったような或る探究〔ジラールの供犠論のような革新的探究〕に対する心構えができていなかったのである。だが学者の共同体自身、この聖性批判に依拠した上で、「当初盲目的に崇拝され、今日《こんにち》侮蔑とともに棄却され、そして将来的にはそれらのみが近代の反キリスト教的探究におけるすべての良き面と真なる面とを――すなわち暴力の聖性を永久に瓦解させるという今なお果たされていない望みを――成就させる力をもつことが明らかになるはずの、二五〇〇年の時を生き延びた古きテクスト〔ユダヤ=キリスト教の聖書〕(15)」を復権させているのだ。

『世の初めから隠されていること』の第一部で、ジラールは『暴力と聖なるもの』のなかで披瀝した人類学的仮説を、論証においてはより厳密に、また今度は冒頭から想起させる。その仮説とは、欲望(「欲望とは、われわれのさまざまな羨望や欲求から、それらが模倣されたものである時に生じてくるところのものである」)であり、ここからジラールは、聖なるものの原初的な生成メカニズムや人類初期文化の宗教的創設にまで行きつく。第三部は諸々の「個際的(interdividuelles)」関係に充てられているが、これは、個人主義的な先入観を打ち砕くために考案された新語〔訳注:国際的(international)、学際的(interdisciplinaire)

などの既存の形容詞をふまえたジラールの造語〕である。この書の主要部分をなす第二部「ユダヤ＝キリスト教的エクリチュール」の方は、聖書の人類学的読解を前面に出している。ジラールはそこで、彼自身の理論に基づいて起源の問いを立てる。起源に先行して起源を可能にする歴史の問いを。なぜわれわれは、人類学者たりうるようになったのか。なぜわれわれは、その機能の仕方と実際の効力が誤認を必須のものとする諸々の供犠的メカニズムを解読できるようになったのか。「身代わりの〔すなわち共同体構成員たちの間に溜まった暴力のガス抜きをするため、批判の矛先を逸らすために構成員たちのなかから選びだされた不満の捌け口、いわば共同体存続のための安全弁としての〕犠牲者（victime émissaire）」が無秩序をもたらしている唯一の原因であり、この犠牲者さえいなくなれば無秩序に終止符が打たれると人びとが信じているという条件下で、贄のメカニズムは人びとを和解させる。彼らは非常に強くそれを信じているので、この「全能なる」存在者を神格化することになる。犠牲者の無実の啓示〔暴きだし〕、そして「人間的な、あまりに人間的な」暴力の啓示〔暴きだし〕は、ヘブライ語のテクストによって、また、キリストの受難という福音書が詳しく物語る歴史上の出来事によってもたらされる。キリスト教は、ユダヤ教に続いて、贄のメカニズムがその上に立脚している虚偽を暴きだす〔啓示する〕ことによって、反供犠的なものとなる。啓示はゆっくりと、だが深いところまで、キリスト教化された世界に働きかける。それは世界を脱神聖化し、実験と理性的認識の道を開く。真実が明らかになるにつれ、啓示はわれわれから、語の二重の意味で、暴力を包含していた／抑制していた（*contenaient*）諸々の供犠的資力を奪い去る。

『世の初めから隠されていること』は、出版業界的には本物の成功だった。ルネ・ジラールは新聞記事の話題となり、テレビスタジオに招かれた。自説を述べ伝えるべく、彼は多くのインタビューに応じた。ジラールの読者たちが知悉していると思っていた諸々のテクストの読み筋を、彼は刷新していく。読者たちはそれらのテクストを新たな光の下で、ただしとくに、それらの深い意味的統一において発見しつつあったのである。のちにジラールは、この成功の一部が誤解に基づいていたことを悟った。彼は歴史的宗教としてのキリスト教に依拠して福音書の「供犠的」解釈を批判していたので、カトリック派に敵対的な読者たちの目には、彼らの一員として映っていたのである。

全体的に見て、学問上の仮説が宗教上の真理と一致しうるという考えは、もはや信仰者も科学者も魅了することはなかったのに、ルネ・ジラールは、インスブルック大学神学部教授であり、『世の初めから隠されていること』と同時に刊行された書物『われわれはスケープゴートを必要としているのか』の著者であるライムンド・シュヴァーガー神父（一九三五―二〇〇四年）と親交を結んでいた。大いなる知的親近性によって養われたこの友情は、「供犠」という中心的な観念に関する彼の思索に新たな方向性を与える原因となった。しかしながら、フランスでは大学人たちに黙殺され、ジラールはなお周縁的な思想家に留まっていた。ミシェル・セールが彼のうちに見て取った「人文科学分野のダーウィン」というより、耳目を集めるエッセイストとみなされていた。

Ⅷ　スタンフォード大学時代（一九八一―二〇〇五年）

一九八一年、ジラールはスタンフォード大学の教授に任命される。スタンフォード大学は、カリフォルニア州サンフランシスコ近郊のパロアルト市に位置する威信ある大学で、彼はそこで大学人としての経歴《キャリア》の最後、一九九四年まで教鞭を執った。また、彼はそこで余生を送ることになる。ミシェル・セールとジャン＝ピエール・デュピュイはそこで再びジラールと一緒に仕事をする。理工科学校《エコール・ポリテクニーク》の卒業生であり教授でもあるデュピュイは、一九七九年、ポール・デュムシェルとともに、模倣論に着想を与えられた最初の（経済学分野の）研究書『物の地獄』（スィユ社）を出版した。エリック・ガンズは『逆説的美学試論』（ガリマール社）を一九七七年に発表し、ジャン＝ミシェル・ウグルリヤンは『欲望という名の物真似巧者』（グラッセ社、一九八二年）を、ついでアンドレ・オルレアンとミシェル・アグリエッタが『貨幣の暴力』（ピュフ社、一九八二年）を上梓することになる。ルネ・ジラールの思想と認識は多くの学問領域で仕事の起爆剤となり、問題を提起する。以上の研究者たちは、模倣的欲望の実存的真理性を感知しただけでなく、ジラールの歩みのうちに、諸々の人間的事象の複雑さを説明できる、現実の「形式的モデル構築」を認めたのである。

スタンフォード大学で、ルネ・ジラールはジャン＝ピエール・デュピュイとともに「学際研究プログラム（*program for interdisciplinary research*）」を指揮する。このプログラムは、模倣論が中心的話題となる諸々の学際的シンポジウムにおいて展開されるものであり、シンポジウムでは模倣論についての説明や議論、質疑が行われる。一九八一年、二つのシンポジウムが企画される。一つは、六月にフランスのノルマンディー地方のスリジー・ラ・サールで開催された「自己組織化、物理から政治まで」。もう一つは九月にスタンフォード大学で開催された「無秩序と秩序」である。いかにして、無秩序から秩序が生じうるのか。いかにして、唯一の原因に、最も多種多様で対立抗争の多い諸形態を生みだす能力が具わるのか。いかにして、単純なものが複雑なものを発生させうるのか。以上がシンポジウムで討議された問いであり、材料科学や生物学、そしてジラールの人類学に共通する問いである。

一九八二年、ジャン゠ピエール・デュピュイとジャン゠マリー・ドムナックは、ジラールの思想に共鳴する者たちのための受け入れ場所、CREA〔応用認識論研究所〕を設立する。これは、「複雑系の自己組織化モデル」という問題をめぐって、多くの講演や会合が催される場所である。

この研究所が設立された〔一九八二〕年、ルネ・ジラールは『身代りの山羊』を上梓する。[16] この書はまず、あらゆる解釈が互いに同じ価値をもつわけではないことを証明する必要性に応えるものである。類似の構造をもつ諸々のテクストを突きあわせることによって、すなわち一方で異教世界〔訳注：とくにギリシア・ローマの古代異教文明圏〕に属するテクスト――オイディプスの神話――と、他方でキリスト教世界に属するテクスト――十四世紀の黒死病のエピソードを詳しく物語るギヨーム・ド・マショーの詩――とを突きあわせることによって、ジラールは次のような問いを立てる。なぜわれわれは、都市国家テーバイがペストに見舞われたのは、罪を重ねたオイディプスのせいであると信じているのか。ユダヤ人たちについてはむしろ逆に、彼らが黒死病の責任を追及されるのは誤りだと信じているのに。なぜわれわれは、神話を迫害のテクストとして読まないのか。この『身代りの山羊』という著作とそれに続くすべての著作のなかで、ジラールは、あらゆる迫害的表象の脱神話化作業を、その精度を高めつつ、また深化させつつ続行する。解読できるはずであるにもかかわらず（ひとが互いの迫害的傾向を非難しあっている）われわれの文化のうちに迫害的諸表象が執拗に残っているのは、魔女狩りが今後も長きに亘って続く可能性があることの証明である。

同年、ミシェル・ドゥギーとジャン＝ピエール・デュピュイの指揮の下、『ルネ・ジラールと悪の問題[17]』が刊行される。ジラールの学説を引き継いだりそれに異議を唱えたりする諸々のテクストを収めた選集である。ジラールはこれに応答する機会を持ったが、それは一九八三年六月、またもスリジーで、デュピュイとデュムシエルが「ルネ・ジラールをめぐって」というシンポジウムを企画した時であった。その記録は、一九八五年、『暴力と真理[18]』という表題で刊行されている。教師となったかつての教え子たち、長年の友人たち、ライムンド・シュヴァーガー神父、哲学・民族学・生物学・経済学分野の研究者たちなど、当時ジラールの思想に共鳴するすべての者が、このシンポジウムに出席していた。キリスト教・教育学・文芸批評・哲学・神話学に割り当てられた諸々の円卓会議が開かれた。

シンポジウム終盤に行われたルネ・ジラールの講演は、『ヨブ記』を斬新な解釈で再読してみせるものであった。それは全体主義についての新奇な反省へと到り、『邪な人びとの古の道』[19]という一冊の書物として結実することになる。この著作のなかで、ジラールはスケープゴートのメカニズムの分析を続けるが、その効果的な歯車となるのはオイディプスである。ヨブが貧乏のどん底にあっても、彼を糾弾する者たちに抵抗することによって、〔彼を追いつめる同調圧力としての〕聖なる結合が背後で再び作りあげられるのを妨げるのに対し、オイディプスの方は、自身に下された有罪宣告と国外追放に同意することによって、混沌のなかにあった都市国家の再統一と秩序再建に参与するのだから。著者ジラールは、伝統社会〔前近代社会〕と、近代社会の全体主義との間にある、数多くの類似を取り上げる。伝統社会は司法システムを有しておらず、近代以降の全体主義国家はそれを腐敗させた。証拠を拠りどころとする超越的正義というものがないので、伝統社会も全体主義国家も、告発する側が行なう恣意的な有罪宣告への、告発される側の同意を取りつけなければならない。死刑執行人たちのパースペクティヴと犠牲者たちのそれとの完璧な一致のみが、恣意を必然に、虚偽を真実に変えうるのである。

一九八七年、『暴力的起源（*Violent Origins*）』[20]が英語で出版される。これは、ジラールの経歴《キャリア》のなかでも例外的な成り立ちの書である。なぜなら、文化の起源に関するジラールの学説をめぐり人類学者たちが行った議論を初めて〔そして最後に〕公にするものだから。対談は一九八三年、カリフォルニア州沿岸で行われた。招集されたのはドイツ人のヴァルター・ブルケルト、二人のアメリカ人研究者、ジョナサン・Z・スミスとレナート・ロサルド、くわえてルネ・ジラールという、宗教的なものの研究を共通項とする面々である。ジラールと対決することは、次の三つの問いに答えねばならないということである。模倣論は供犠的儀礼を解明するか。それは宗教論へと至りうるか。文化の起源についての普遍妥当的な言説は可能か。

一九九〇年、『羨望の炎――シェイクスピアと欲望の劇場』[21]が刊行される。自身の学説を自家薬籠中のものとしているので、いかなる距離や角度からもジラールにはそれと分かる。ジェイムズ・ジョイスはシェイクスピアの最初の模倣的解釈を行った。だがあまりにも謎めいた仕方だったので、それが理解されるには、ジラールの分析を必要としていたように見える。シェイクスピア自身に関して言えば、彼は作品のテーマについてきわめて明示的なので、罪の別名である「羨望」という決定的に重要な語は、「〈他者〉でありたい」という欲望を指し示すために詩人ジョイスが選ぶほどである。この書の序文で、ジラールは、彼の言う「模倣的欲望」がシェイクスピア的羨望の代理および仮面として機能することによって、自説がアカデミズムの世界へ受け入れられるのに有利に作用した可能性があると示唆している。羨望という観念は、シェイクスピア演劇の劇的な一性を照らしだすことを可能にする。

一九九一年、ジラールの思想に共鳴する者たちが集い、「暴力と宗教についての国際コロキウム（COV&R）」を設立した。これは、あらゆる学問分野の研究者たちを含む一つの学際的な集まりであるが、そのなかには模倣論に着想を与えられた一般の社会人や教会の代表者たちもいた。創設メンバーの一人であったライムンド・シュヴァーガー神父が初代会長（一九九一―一九九五年）となった。「暴力と宗教についての国際コロキウム（COV&R）」は毎年、ヨーロッパかアメリカの主要都市で、そのつど異なったテーマについて会議を行っている。

一九九四年、ルネ・ジラールのミシェル・トゥルゲとの対談という形で、ジラールの新著『このようなことが起こり始めたら……ミシェル・トゥルゲとの対話[22]』が刊行される。ジラールの対話相手は、ジラールの崇拝者であると同時に批判者でもあり、会話はもちろん著述に関することであるが、回心などの個人的な話題に及ぶものであった。また、時事的な話題や「社会問題」にも関わるものであった。驚くべきは、ジラールがそのすべてにそれらの歴史的側面から接近していることである。彼には歴史についての一つのヴィジョンがあって、多くの同時代人たちと異なり、「短期的な出来事」が彼の視界を塞ぐことはないと認めねばならない。共産主義崩壊後、東欧諸国で国粋主義が再興した時期にジラールはこう指摘している。「そうしたことが、それについてわれわれが語る言葉も概念も持たない一つの包括的なものに向かってなされている進化の真の意味を、われわれの目から隠すはずはない。世界についてわれわれが持っている諸々のヴィジョンの挫折は、われわれがこの挫折のなかから一つの普遍的なものを摑みとることを妨げる」。

対談の最後に、ジラールは、自著に対する無理解へと、そして、古代儀礼と自己贈与というすべての点で対立する二つの事柄を指し示すのに用いられる「供犠（sacrifice）」という語へと立ち戻る。この対立を強調するあまり、キリスト教を反供犠的宗教と定義することによって、人類の宗教史全体がそこへと凝縮されている供犠の象徴的一性に十分な強調点を置かなかったことを、彼は悔やんでいる。『サタンが稲妻のように落ちるのが見える』が一九九九年に公刊される。同書の目的は、「多元主義」、「多文化併存」、そして近代的相対主義という形を取った、諸々の文化的差異を称揚するという流行りに反駁することである。キリスト教を数ある神話のなかの一つと同列に扱うことは「容易に反駁しうる過誤」であり、そもそもその点に同書は傾注している。価値ある唯一の差異とは、偽と真、神話と科学を分離するそれである。比較研究学者の手法は有効な方法であるが、キリスト教に敵対的な研究者たちがそうするように、既知の対象として仮定された神話から出発して、そこへと福音書のテクストを還元する代わりに、ジラールは逆方向の進め方をする。彼は聖書テクストから出発して、これらに見受けられる、彼がそれまで解読してきたような神話テクストとの類似点を強調するのである。そこでは、私刑《リンチ》にせよ、石殺しの刑にせよ、あるいは十字架刑にせよ、暴力が同じ性質を帯びている。問題となるのはつねに、或る危機の（暴力的かつ低コストで済む）解消である。

だが、哲学者たちのなかで最も反キリスト教的であり、最も直観力に優れたニーチェを別にして、古代宗教とユダヤ＝キリスト教との間の真の相違に気づく者はほとんどいなかった。暴力を、古代宗教は犠牲者のせいにするし、聖書テクストはこの犠牲者を迫害する者たちのせいにする。神話学との完璧な対称性にもかかわらず、あるいはそのおかげで、キリスト教はその絶対的な特異性のうちに現出する。

その特異性とは、キリスト教がただ一人の犠牲者〔キリスト〕の無実ではなく、すべての犠牲者たちの無実を暴きだして〔啓示して〕いるということである。キリスト教は死刑執行人たちの無垢をも、あるいはむしろ無意識を暴きだす〔啓示する〕。「彼らは自分たちが何をしているか分かっていないのです」。『サタンが稲妻のように落ちるのが見える』という書は「キリスト教護教論」の体をなしているが、超自然的なものへはいっさい訴えかけない。しかしながら、同書はサタン、すなわち『ヨハネの福音書』における「悪魔的なもの」〔訳注：『ヨハネによる福音書』一三章二節および一三章二七節には、サタンがイスカリオテのユダの中へ入り込み、ユダを唆してイエスを裏切らせたという記述がある。悪魔による「誘惑」や「試み」への抵抗は、イエスを始めとする宣教者たちが繰り返し人びとに説くもの〕に、それがキリスト教思想において果たした中心的役割を再び演じさせる。同書が示すのは、「この世の王」〔たるサタン〕は、神の愛に面したわれわれがなお囚われている頑迷さの元凶たる、諸々の紛争的メカニズムと一体だということである。

IX　歴史の回帰

一九九〇年代、ルネ・ジラールの思想に以前から心酔していた若き編集者、ブノワ・シャントルは、ジラールが自著のどれかを刊行する際には一緒に仕事をしたいと願い出ていた。その計画は二〇〇一年、現実のものとなった。二人は「九・一一」の数日後にパリで落ち会った。シャントルが勤めていたデスクレ・ドゥ・ブラウワー社は十月に二冊の「ジラール本」を上梓する。一冊目は、『躓きの石をもたらす者』[23]という、ルネ・ジラール自身の手に成るもの、二冊目は、イタリアの大学人であるマリア・ステラ・バルベリによって編纂された、ジラールの功績を称える論文集『模倣の螺旋』[24]である。

この論文集は、模倣論によって着想を与えられた十八の教えを示している。なかには批判的な態度を取って新たな探究の道筋を切り開くものもある。ジラールはそれを悦ばしく思う。彼の学説は思想上の学派ではなく、「人間の現実を研究し、よりよく理解するための具体的な提案」なのだから。「九・一一」は、「終わり／目的（fin）」という語の二重の意味での、つまり「歴史の終わり／歴史の目的」としての民主主義のグローバル化に関して、西洋の知識人たちが抱くことのできたあらゆる幻想を打ち砕いた。ジラールによる新たなパラダイムの提案は、こうした歴史の転回とその暴力を研究すると同時に理解する際に、その真価を発揮する。

ジラールは「日常茶飯事〔よくある事件〕」や複数形の暴力には関心を向けない。彼の分析する暴力は「原初的な（originaire）」ものであるが、原初と言っても「歴史的な」意味においてではない。たとえこの暴力が、先史時代と歴史時代に勃発し、現実のものとなるにしても。そして、初めに（à l'origine）、模倣《ミメーシス》が、模倣的欲望と模倣的対抗があった。かくして、競争に委ねられているわれわれの世界にあっては、その肯定的な結果は物質的および知的豊かさの創造を見れば異論の余地のないところだが、競争がもたらす否定的な結果については、「抑止力がある」と言われるとはいえ、なかでも核の脅威があり、生態環境の破綻があり、かつて植民地化されたさまざまな民族のなかから起こった世界規模のテロリズムがある。

X　反論と答弁

ブノワ・シャントルは二〇〇一年十月、『躓きの石をもたらす者』を出版する。この著作は、ジラールによる諸々の試論と、マリア・ステラ・バルベリとの対談を収めたものである。ジラールは、自分に向けられるさまざまな反論、とりわけ彼の自民族中心主義に対する反論に応え、レヴィ＝ストロースの思想に対する彼の関係性、つまりどこにどう賛同しどこで袂を分かつのかを明確化し、イエスの「供犠」へと、すなわちキリスト教と聖なるものを祀る諸宗教との間にある唯一にして真の人類学的差異へと立ち戻る。その差異とは、贄のメカニズムの真実が突如顕わになること（「啓示」）である。贄のメカニズムは、誰も知らないうちに、神々の製造装置のように機能したが、キリストの受難はその本性を暴きだす〔啓示する〕。それはむしろスケープゴートの製造装置なのだと。ルネ・ジラールは、ミシェル・セールが明らかにした模倣論と進化論との間の類似関係へも立ち戻る。彼にとって、原初の殺人はつねに自然と文化の間の通過点である。象徴化の能力に、純粋に生理学的な起源を与えること〔言葉の出現を脳の進化によってのみ説明すること〕はできない。意味の中心を担うものが必要である。犠牲者がこの中心となる。

二〇〇二年、ジラールはグラッセ社から『現実の誤認された声[25]』を上梓する。この著作は、出版の数年前にアメリカの学会誌に発表した諸々の試論をフランス語に翻訳して収めたもので、さまざまな主題がそこで扱われている。これらの論考を母国語で読み直し、それらの着想が生まれた頃に猛威を振るっていた「フレンチ・セオリー〔フランス現代思想〕」への模倣的熱狂に抗う術を自分が心得ていたことを確認して、ジラールは満足を覚える。彼がそこで行なう作業の大半は、構造主義理論に対する模倣論の優越性を正当化することに割かれている。

ジラールの思想の特異性は、儀礼的暴力の手前で、現実的暴力に、すなわち未分化なもの〔無差別的なもの〕と彼が名づけるところのものに立ち向かっている点である。神話的惨劇からこの暴力を退去させ、この暴力を、差異を生みだす一つの論理的機能へと還元することによって、レヴィ＝ストロースは「現実の声を誤認し」、「〔聖母ならぬ〕文化の無原罪の御やどりという神話」を構築する。これらの試論のなかで、ジラールは、ドストエフスキーと彼の作品の登場人物たち、傲慢さが高じて「被虐趣味人《マゾヒスト》」になった登場人物たちへと立ち戻る。被虐趣味人《マゾヒスト》とは、「私は勝因しか求めない〔……〕勝因とは、自分が孤立無援だと分かっている状態である。私が孤立しているところでは、私を危うくする者は私しかいないのだから〔つまり一人が最強〕」と声高に叫ぶ者、ニーチェのような人物がその同類である人びとである。ドン・キホーテもそれとたいして変わらない。「力への意志をもつ騎士は、数々の苦い敗北を、数多の空想上の戦闘のなかで見る」[26]。ジラールがこれらの試論のなかで批判するのは、形而上的観念論であり、構造（言語）あるいは主体（みずからの企投に応じて現実を解釈していくサルトル的対自）を重視するあまりの現実からの遊離である。ここ三十年で提唱された諸々の学説とは対照的に、「模倣的欲望は、なぜ人間存在に現実を直視する能力がないかを示す、現実主義的な学説である」[27]。

二〇〇三年、フランス国立図書館は、『供犠』という表題のもと、ルネ・ジラールが『ブラーフマナにおける供犠の教義』の著者シルヴァン・レヴィ（一八六三―一九三五年）に敬意を表してパリで行った、三つの講演原稿を出版する。この偉大なインド学者による諸々の分析を読みながら、ジラールは一種の郷愁を覚える。原始バラモン教時代のインドにおける太古の儀式において、問題となるのは、神々と悪魔との間の模倣的対抗のみである。司祭階級たるバラモンの特権である供犠は、そこでは紛争に一時的な終止符を打つ「文化の作業」として立ち現われる。それはジラールにとっても、一歩脇へ退いて、他の宗教文化では、どのように供犠システムの衰退がその廃棄を引き起こしたかを目にする絶好の機会であった。「前キリスト教的直観」をギリシア悲劇のうちに見て取るシモーヌ・ヴェイユに倣って、ジラールは他の偉大な諸宗教のうちに、キリストの受難や福音書による啓示〔暴きだし〕がその決定的な完遂である「脱神聖化」の作業を見て取る。というのも、福音書以外のいかなるテクストも、スケープゴートの人類学的メカニズムを十全に解明することはなかったからである。

翌年〔二〇〇四年〕に出版された『文化の起源』のなかで、ジラールは、ケンブリッジとリオ・デジャネイロの二人の教授と対談する。彼はまず、自身の個人史に関する質問に答える。とりわけ、彼の仕事の成果が彼の回心において果たした役割を強調する。「私がキリスト者になったのは、私の研究が、私が思惟するところのものを思惟するよう導いたからです[28]」。回心とは一つの個人的な出来事である。さまざまな情念への隷属状態から解放されるためには、欲望を「模倣的な」ものとして突きとめるだけでは十分ではない。非本来的欲望（群衆の欲望）を本来的欲望（自分の欲望）から区別することによって、ハイデガーがそうするように、発見した法則について自分自身をその適用外とすること、それはロマンティークの図式という悪弊に再び嵌まりこむことである。ロマンティークの図式は、ジラールがそこで彼自身の知的かつ霊的な回心の躍動を得た「ロマネスク的」回心の対極にある。彼はこの逆説的な法則をもっと先で次のように敷衍している。「ある人が模倣的になればなるほど、その人の誤認はより強固なものとなるが、その人の認識可能性もまたより強力なものとなる[29]」。この法則を例証するため、彼はドストエフスキーやプルーストを典型的な例として挙げるが、彼自身を例に挙げている可能性もある。

『文化の起源』（二〇〇四年）は、模倣論を再び説明することにとくに割かれている。その説明は、模倣論の主要概念の意味と機能を明確化するのみならず、聖書テクストがどのように模倣論に先行し、どのように模倣論を仕上げるかを示すことによってなされる。ジラールは、『世の初めから隠されていること』（一九七八年）の時期の人類学的パースペクティヴと、彼のものになりつつある宗教的パースペクティヴとを区別する。模倣論はいまや、福音書の読解のうちに根差している。この見地から言えば、古代の供犠とキリストの供犠との間にラディカルな異他性はもはや存在せず、「これら二つの供犠形態は、根本的に対立すると同時に分離不可能である」。(30) 言い方を変えると、人類の歴史は徹頭徹尾、供犠的なのだ。ジラールの見立てでは、ダーウィニズムは――これは彼が『文化の起源』で取り上げるもう一つの主題であるが――自然を、超-供犠的な装置として提示している。自然から文化へ〔いわば非-供犠的なものから供犠的なものへ〕、この連続性を、模倣論は理解しようとする。それゆえ、人間の固有性をなす象徴的活動がそこから生じてくるところのメカニズムを説明するには、霊長類が従属している生物学的・民族学的・人類学的な諸々の軛《くびき》を考慮に入れねばならない。

XI　アカデミー・フランセーズ会員への選出とミメーシス研究会（ARM）およびイミタツィオの創設

ルネ・ジラールがアカデミー・フランセーズ会員に選出されたことは、彼が出身国から受けた唯一の公式な承認の証しである。〔当時、アカデミー・フランセーズ会員で新会員の推薦権および選挙権を有していた〕

ミシェル・セールはその立役者であり、二〇〇五年十二月十五日、〔ジラールの入会スピーチを受けて〕彼の応答スピーチが行われる。詩的で誠実、比喩と学識に富んだ彼のスピーチは、あらゆる感謝に先立ち、この遅ればせながらの選出にそのまったき意義を与えるものであった。

ちょうどその頃、ブノワ・シャントルは編集者としての仕事をいったん休んで、スタンフォードのルネ・ジラールと合流する。彼らは一緒に、現代世界についての考察を収めた書物と、それとは別のスケールの大きい事業に取り組んでいた。その事業とは、模倣論をフランス語で広めることを、また、多くの学問分野の研究者たちがそれぞれの専門領域でジラール的直観を研究成果へと結びつけるのを援助することを使命とする会の設立である。この会、すなわちミメーシス研究会（ARM：Association Recherches mimétiques）は、その名誉会長に就任したのがルネ・ジラールで、現在の会長はブノワ・シャントルであるが、ジラールのアカデミー・フランセーズ選出の翌日、二〇〇五年十二月、フランス学士院で公式に日の目を見た。ミメーシス研究会は二〇〇八年から、イミタツィオ財団の支援を受けることになる。

XII　晩年の著作

ルネ・ジラールがブノワ・シャントルとともに最後の著作に取り組んだのは、彼が在籍し、名誉教授となった、スタンフォード大学においてである。この書はヨーロッパの政治史に、なかでもとくにナポレオン戦争時代（一八〇三―一八一五年）に割かれている。クラウゼヴィッツを読み、クラウゼヴィッツを完遂しさえすることが、すなわち九・一一日以降、彼が自説との親近性を発見した或る反省を最後までやり遂げることが、今回は重要なのだから。『クラウゼヴィッツを完遂する』[31]は、黙示録的な書として提示されている。ジラールは、プロイセンの将軍、カール・フォン・クラウゼヴィッツ（一七八〇―一八三一年）の死後刊行された未完の概論、『戦争論』を読んだが、それはちょうど、この将軍が歴史に華々しく返り咲こうとしている時であった。ジラールは、戦争が二者間の決闘になぞらえられていることに驚愕する。決闘のなかでこそ、各々が敵方を打ちのめし、「敵方を強制してこちら側の意志を遂行させるべく」、死力を尽くすのである。

敵対関係におけるこの激しさを、クラウゼヴィッツは「極限への上昇」と呼ぶ。クラウゼヴィッツの省察から一般に取り上げられるのは、「戦争とは他の手段による政治の継続である」という見解であるが、ジラールはむしろ逆に、政治によっては戦争の暴力を抑止し統制することがだんだん不可能になっていくという、政治の無力さをそこに見ている。二十世紀の骨肉相食む二度の世界大戦が証言するように、現代の戦争は、暴力を包含する／抑制する（*contenir*）のに役立つ一つの制度ではない。フランス革命、国民総動員、そしてナポレオン戦争を経て、「戦争とはより大規模な二者間の決闘以外の何ものでもない」と言い切るのはクラウゼヴィッツである。ジラールはシャントルに、つまりは読者に打ち明ける。「告白しよう、この決闘の定義は、私を魅了すると同時に震撼させる。それほどまでに、この定義は私が行ってきた諸々の分析と一致するものであり、想像もしていなかった力で私の分析を現実の歴史へと喰いこませるものだから[32]」。

XIII 晩年

晩年は多くの人びとに囲まれ、ルネ・ジラールは、自分の仕事に思いを馳せるよりも、友人たちと一緒に自分の幸福な幼少時代を思い起こすほうを好んでいた。戦争についての著作〔クラウゼヴィッツ論〕が彼の遺作になってしまうのだろう。だが彼は、アナトリア地方のチャタル・ヒュユク遺跡の発掘責任者である考古学者、イアン・ホッダーの研究論文を読んでもいた。ジラールは彼と二〇〇八年にスタンフォード大学で出会っていたのである。ジラールは、「西洋最古の町」との呼び声高いこの遺跡をめぐる研究に夢中になっており、人類最初の定住民たちの住居の壁上に見つかった、贄として供された動物たちの絵図を解読するのを手伝ったことがあった。

二〇一五年十一月四日の夜、彼が静かに息を引き取る前、それはパリのバタクラン劇場で起こった同時多発テロの直前だったのだが、ということはあの時、増大しながらも供犠によって包含されて／抑制されて（*contenue*）きた暴力の原因である人類初期の定住化から、今日「神の狂人ら」によって上演されるあの極限への上昇に至るまでの、人間が歩む波乱万丈の道のりを、彼はその視界に収めていたのである。

原注

（1）巻末参考文献【15】三四頁。

（2）ジャン＝ピエール・デュピュイは、理工科学校《エコール・ポリテクニーク》出身の哲学者である。著書にポール・デュムシェルとの共著『物の地獄』（一九七九年）があるが、これは、ジラールから受けたインスピレーションに基づく試論である。

（3）巻末参考文献【15】三四頁。

（4）ルネ・ジラール「アメリカにおける若きフランス人の思い出」『カイエ・ドゥ・レルヌ』第八九号、二〇〇八年、三〇頁。

（5）同資料、三二頁。

（6）同資料、三一―三二頁。

（7）巻末参考文献【9】二一七―二一八頁。

(8)巻末参考文献【9】。
(9)巻末参考文献【9】二一六頁。
(10)アラン・ブルームは、世界的ベストセラーとなった彼の著書『アメリカン・マインドの終焉』(一九八七年)において、その徴候をユーモアに富む筆致で、かつ正確に分析している。
(11)巻末参考文献【15】四二頁。
(12)M. Serres, *La Traduction*, Paris, Minuit, 1974〔ミシェル・セール『翻訳〈ヘルメスⅢ〉』豊田彰/輪田裕訳、法政大学出版局、一九九〇年〕, p. 259.
(13)巻末参考文献【3】。
(14)巻末参考文献【3】二五頁。
(15)巻末参考文献【4】二四八頁。
(16)巻末参考文献【6】。
(17)巻末参考文献【29】。
(18)巻末参考文献【30】。
(19)巻末参考文献【7】。
(20)仏訳は、巻末参考文献【21】。
(21)巻末参考文献【8】。
(22)巻末参考文献【9】。
(23)巻末参考文献【12】。
(24)巻末参考文献【27】。
(25)巻末参考文献【13】。

(26) 巻末参考文献【13】一二八頁。
(27) 巻末参考文献【13】二〇七頁。
(28) 巻末参考文献【15】五八頁。
(29) 巻末参考文献【15】九二頁。
(30) 巻末参考文献【15】一一八頁。
(31) 巻末参考文献【17】。
(32) 巻末参考文献【17】三一頁。

第二章　模倣的欲望

ジラールの一作目は、虚偽（*mensonge*）と真実（*vérité*）を対立させる内容の書である。この二元性は彼の小説史を繙く鍵であり、あるいはむしろ、近代小説によって跡づけられるような欲望史を繙く鍵である。この二元性は、〔以降の作品で問題となる〕聖書的真実と神話的虚偽の対立のうちに再び見いだされる。それはとくに、主観主義や相対主義が勢力をふるう領域で真理を探究することによって生気づけられているジラールの企てが、学問的な性格をもつことのしるしである。その領域とは、本質的な部分で欲望関係によって鍛え上げられ支配されている、諸々の人間的事象の領域である。

I　欲望の三角形

『ロマンティークの虚偽とロマネスクの真実』（一九六一年）の幕を開けるセルバンテスからの引用箇

所で、ドン・キホーテは、遍歴の騎士たちのなかでも並ぶもののなき第一人者、騎士の鑑たるアマディース・デ・ガウラをあらゆる面で見倣うというみずからの選択の正しさを滔々と述べる。彼は、芸術家や職人たちがそうであるという栄誉を切実に望むすべての者が必ずそうであるように、また、模倣者たることを誇りとしているのである。古人を範とすべしというこの命令以上に古典的なものはない。にもかかわらず、セルバンテスのこの作品は、最初の近代小説である。ロマン主義的《ロマンティーク》な読者たちがそう考えたように、彼が主人公《ヒーロー》の個人主義を称揚しているからではない。そうではなく、彼が騎士道小説の脱神話化を行っているから、ジラールが言うには、「最も高貴な精神の持ち主たちが互いに及ぼしあいかねない、不吉な影響についての長い省察(1)」を行っているからである。実際、ドン・キホーテが風車を敵軍と思いこむのは、彼が狂人だからではない。彼が自分の模範の影響下にない時、彼は良識を失ったりしない。彼が「狂って」しまうのは、〈他者〉になりたいという欲望によってである。

読者や批評家たちは、セルバンテスが描く主人公《ヒーロー》の高邁な理想主義に感嘆した。この理想主義は彼の従者であるサンチョ・パンサの卑俗な現実主義によって浮き彫りになる。作者の批判的な意図に賛同する者はほとんどいなかった。文学においては、「ロマネスクの真実」が例外であり、「ロマンティークの虚偽」が規範なのである。あらゆる真理と同様、ロマネスクの真実もまた高次の闘争によって勝ちとられねばならない。それは、傲慢さがもたらすさまざまな先入見に対する戦いであり、それゆえ自己自身に対する戦い、観察や内観という各種の武器によって進められる戦いである。小説のみが、これを調停することを可能にする。ジラールの論証は、五人の小説家――セルバンテス、フローベール、スタンダール、プルースト、そしてドストエフスキー――の間を絶えず行き来することで成り立っている。彼らの天才的な点は、他の小説家たちがみずからの作品に映しだすことしかできなかったこと、すなわち模範としての〈他者〉がいることを暴きだすところにあった。ジラールには欲望の幾何学なるものがあって、それは欲望の多様な姿を統一し、般的な形へと落としこむことを意味する。すなわち恋愛関係であれ、商売上の関係であれ、社会的なあるいはその他の敵対関係であれ、あらゆる場合に、欲望は三角形を描きだすのである。ドン・キホーテやボヴァリー夫人、あるいはさらに『赤と黒』冒頭のジュリアン・ソレルの場合、欲望の三角形の三つの頂点がはっきり見て取れる。主体と客体は三角形の底辺の両端にある二つの角を占めており、三角形の頂点に鎮座するのが、ジラールが媒介者と名づける模範である。媒介者に相当するのは、アマディース・デ・ガウラであり、『ボヴァリー夫人』のエマがあんな風になりたいと夢見る小説のヒロインたちであり、さらには『赤と黒』のジュリアン・ソレルが有力な地位でも得るようにレナール夫人の手を取る時、心に強く思い描くナポレオンである。

二等辺三角形と見るべきその三角形の三つの角のうち、底角は主体と客体によって、頂角は媒介者によって占められている。欲望についてのこの「真理」は自明ではない。その全射程を摑むには、この真理を否定的に定式化しなければならない。いかなる欲望も自発的なものではない、と。欲望する主体から欲望される客体への矢印を表わす、三角形の底辺をなす直線は、媒介者を暗がりのうちに置くものであり、欲望の一面的で、とくに偏った見え方である。このヴィジョンがロマンティークの虚偽のヴィジョンであり、個人に主権があると信じこませる。これは功利主義的錯覚のヴィジョンでもあり、欲望をかき立てる客体それ自体を熱心に奪いあう自分本位で理性的な存在としてわれわれを描きだす。一部の文学作品がわれわれに啓示する〔暴きだす〕ような欲望関係の真実は、それとまったく別物である。欲望とは、世界や自己への関係である以前に、他者への関係である。欲望される客体とは、たとえそれが「〔意識から独立して存在している等の〕客体的な」質を備えているとしても、まずは、「模範」と目される〈他者〉によって所有ないし欲望されている客体なのである。

絶えず作品に語らせようとしたジラールのように、幾つか例を挙げよう。彼が比較するのは二編の作品で、それぞれが、〔ジラールによって小説史として〕取り上げられた歴史的軌道の始まりと終わりをなすものである。一つ目の作品は、セルバンテスの短編小説「愚かな物好きの話」という『ドン・キホーテ』〔前篇一六〇五年、後篇一六一五年〕の劇中劇、二つ目の作品は、ドストエフスキーの中編小説『永遠の夫』（一八七〇年）である。セルバンテスの短編小説のなかで、主人公アンセルモは、親友のロターリオを介して知り合ったカミーラと結婚したばかりである。アンセルモは自分に対する妻の貞節を確かめたくて、カミーラに言い寄ってくれとロターリオに懇願する。ロターリオは最初拒むが、アンセルモの振る舞いはあまりに常軌を逸しており、ついには自分の妻と自分の親友を互いに抱擁させた挙句、みずから命を絶つ。ロシア小説の方では、セルバンテスの短編と同じ構造である〔欲望の〕三角形が見いだされるものの、「客体」は消失している。「永遠の夫」たる登場人物の妻はすでに死去しているのだ。だがそのことはいささかも、「永遠の夫」たる人物が、彼の妻の愛人の一人であった男〔物語の語り手〕をしつこく追い回すことを妨げはしない。再婚を考える時も、「永遠の夫」はこの男に助言を懇願し、彼を自分の婚約者に紹介すると言ってきかず、「不安と欲望におののきながら」、分別盛りのドン・ジュアンによるうら若き娘の誘惑の場に居合わせる。明らかに、どちらのケースでも、「主体」が或る客体を欲望しうるのは、自分の模範もまたそれを欲望する時のみである。どちらのケースでも、愛人は軽喜劇《ヴォードヴィル》で言う「お邪魔虫（*terzo incomodo*）」などではなく、欲望の媒介者である。そしてこれら二つの事例において、この媒介者は虚構的存在ではなく、主体が敵へと変じさせる友であり、主体が友として遇する敵なのである。

模範は端的に敵でもありうる。『赤と黒』（一八三〇年）においてスタンダールが示すのは、ヴェリエール町長であるレナール氏が、小説の冒頭で、どのようにジュリアン・ソレルを雇い入れるかである。彼の政敵であるヴァルノが自分の子どもたちに家庭教師をつけようとしているのではないかと疑い、レナール氏は、息子がラテン語に通じているという父親の方のソレルに急いで会いに行く。ジュリアンの父親は悪質な周旋屋であり、息子なら他にも良い勤め口を見つけることができるとほのめかすが、それが買い手の目には商品の価値を確かなものにし、決断へと踏みきらせる。レナール氏は、自分の敵の行く手を遮るためにジュリアンを雇うのである。小説の最後で、マチルド〔訳注：ジュリアンと恋の駆け引きを繰り広げる貴族の令嬢〕を再び手に入れるため、ジュリアンは父親が使ったのと同じ策を弄し、彼女の女友達の一人に言い寄ることによってマチルドの欲望を再び焚きつける。「〔欲望の〕三角形は、それが野心であれ、取り引きであれ、恋愛であれ、スタンダールが虚栄心について語るたびに再び現われる(2)」。〔見えっぱり・うぬぼれ屋と呼ばれる〕虚栄心の強い存在が或る客体を欲望するのは、この客体が何らかの威信と結びついた第三者によって欲望されているか所有されているという理由によってのみである。或る人の虚栄心が強いのは、その人が「影響されやすい」からではない。虚栄心が強いからこそ、〔何らかの威信と結びついた第三者としての〈他者〉の〕影響下に置かれるのである。

　スタンダールによれば、虚栄心の本質は、自分を他人と比べることにあり、それは民主主義的な感情である。真の高貴さは虚栄心と無縁である。スタンダールはまず、虚栄心の強い人と情熱的な人とを区別する。情熱の人は他人の意見に耳を傾けない。自分自身のなかから力を汲み出してくることによって、激しく欲望する。『恋愛論』（一八二二年）におけるスタンダールのこういう観点はロマン主義的《ロマンティーク》である。ジラールが言う「自然的自我」と「社会的自我」の間の区別、そして「自我」の独創性と「他者たち」の凡庸さの間の、「我」の本来性と「ひと」の非本来性の間のあらゆる区別がそうであるように。彼の思弁的なあるいはごく私的な書き物において、スタンダールは媒介者を隠蔽している。それにもかかわらず彼の小説は、媒介者の存在を絶えず暴きだしているのである。そして「作品を読み進んでゆけばゆくほど、欲望の力は虚栄心の方へと移動する」、その結果、「晩年のスタンダールにとって、〔或る客体を欲望ないし所有している、しかも何らかの威信と結びついた第三者を、欲望の客体への媒介者として必要とするという意味で〕自発的な欲望というものはもはや存在しなくなる[3]」。

ジラールは小説の登場人物たちの心理学に力を入れるわけではない。精神分析がそうするように、登場人物たちを創造した作者が理解する以上に彼らをよく理解することを可能にするような、前のめりの、外からの視点を持ち込むわけでもない。ジラールが言うには、対象を方法に適合させるのではなく、方法を対象に適合させねばならないのだ。ところで、ジラールがその注意深い読者になっている名作のなかには、自己批判している作品もある。セルバンテス、フローベール、スタンダール、プルースト、そしてドストエフスキーは、その作家人生を送るなかで、自分自身を脱神話化することに、すなわち自我の主権なるものへのロマン主義的《ロマンティーク》な信仰を公然と捨て去ることに成功した。ドストエフスキーには、執筆活動を一時中断する前に書いた小説が幾つかあり、そこでは彼の強迫観念が作品を支配しているのだが、その後に生みだされる数々の傑作では、むしろ作品のほうが、彼の強迫観念の支配者となっている。同様に、プルーストは、『失われた時を求めて』(一九一三―一九二七年)の執筆に身を投じる以前、自己陶酔的《ナルシスティック》な小説である『ジャン・サントゥイユ』(一八九五―一八九九年)を書いた。してみるとジラールの方法は、或る小説家の初期作品をその円熟期の作品と比較し、そして小説家たちの間で諸々のロマネスク的宇宙を比較することにある。いたるところに、ジラールは欲望の三角形的構造を認めるが、これは〔小説家たちの初期の〕ロマン主義的《ロマンティーク》な習作のうちにおぼろげに映しだされ、〔円熟期の〕ロマネスク的な傑作のなかで明るみにだされているものである。

II　外的媒介、内的媒介

ジラールによってセルバンテスからプルーストおよびドストエフスキーへとその軌道が描かれた小説史を辿ってゆけばゆくほど、また、欲望の力学がある種の無差別化へと進化すればするほど、信奉者と模範は、互いに距離を縮めあい、互いを模倣しあうことによって、ますます交換可能なものとなってゆく。プルーストはフォーブール・サン＝ジェルマン地区〔訳注：貴族街とも呼ばれるパリの歴史地区〕にある諸々のサロン〔訳注：個人の邸宅で貴族や芸術家などが集まる社交の場〕を「無の王国」として描写する。そのなかのどのサロンも、互いを差別化するものがもはや何もないだけに、いっそう激しく妬みあい、憎みあうのであった。ドストエフスキーはプルーストよりもずっと奥深くまでトンネルのなかを進んだが、そこから彼には光が差し込むことになる。このロシア人小説家の描く登場人物たちは、最も乗り越えがたい障壁へとぶつかってゆき、この障壁を模範あるいは欲望の対象そのものにする点で、被虐趣味人《マゾヒスト》とか狂人などとみなされることになる。だからこそ、実際の時系列に反して、欲望の力動的《ダイナミック》な構造が描きだすこの「下降する螺旋」の描線上で、ドストエフスキーはプルーストよりも後に来るのである。〈他者〉に左右される欲望とは、他人による承認の欲求ではない。それは〈他者〉への従属関係であり、この関係のうちで、崇敬や賛嘆などの肯定的感情と怨恨《ルサンチマン》や憎悪などの否定的感情とが、一緒になって互いを強化しあっているのである。欲望が三角形を成すというのは、すなわちこういうことである。客体が欲望されるのはそれが禁じられている場合のみであり、模範が崇敬されるのはそれが障害である場合のみである。要するに、「信奉者」が客体を激しく欲望するのは、この客体が欲望をかき立てると同時に接近を禁じられたものとして信奉者に指し示されている場合のみである。レナール氏とその政敵ヴァルノのひそかな決闘において、スタンダールがわれわれに見せるのは、〈他者〉が仇敵であるのはそれが模範だからであり、〈他者〉が模範であるのはそれが仇敵だからということである。

セルバンテスの出発点であった、或る模範への賛嘆という肯定的感情から、スタンダールによれば、「羨望、嫉妬、無力な憎悪」という近代的な否定的感情へと至る、この螺旋形の下降を説明するため、ジラールは二つの媒介を区別する。模範が超越的で、信奉者とは別の精神的領分で生きている時、信奉者は少しの敵愾心もなく、その模範を選ぶことの正当性を主張できる。それが外的媒介である。フィクションの登場人物、崇敬される師、修養上の模範、それらは距離を置いて光を放つ媒介者である。だが、模倣は信奉者と模範を接近させる傾向があり、完璧な模倣は両者を互いの「分身」に仕立て上げる。模範と信奉者とが同じ領分に並び住む時、内的媒介は両者を対等の者に、それゆえ「敵対者」に仕立てる傾向がある。それは欲望関係の一法則である。模倣はつねによりいっそう、主体をその模範へと近づける。ゆえに外的媒介の行く末は、内的媒介であるという法則である。信奉者と模範が互いに接近すればするほど、両者はいっそう似通ってくる。似た者同士が集うのか。そうではない。欲望に関しては、他者のようにあろうとすることは、他者であろうとすること、他者になり代わろうとすることである。

「主人・師匠（maître）」と「信奉者・弟子（disciple）」を、その本来の意味で捉えることにしよう。最初、媒介は外的なものであり、各々が各自の役割のうちにある。だが弟子は、模倣したいという気持ちを抑えられないので、まもなく師匠と対等になり、さらには凌駕する。それ以来、両者は、多かれ少なかれ隠れた敵対関係を結ぶようになる。この関係は、健全なライバル意識をまったく伴っていない。師匠は弟子から裏切られたように感じ、弟子は自分の勝利を挫折のように味わう。師匠の怨恨《ルサンチマン》は説明しがたいものだが、それによって彼は自身の至らなさを痛感する。ジラールはベイトソンからその「ダブルバインド」理論を借用する。これはポジティヴな模倣のネガティヴな諸結果を見事に説明するものである。「私を模倣せよ」という命法はあらゆる修養に内在するが、熱烈な信奉者にとっては驚愕すべき「私を模倣するな」という禁止と表裏をなしている。誰も彼に何が起こっているのか分からない。人間は模倣によってもたらされる矛盾的な命法の罠にかかっているのだ(4)。

それは、外的媒介から内的媒介への移行を食い止めることはできないという一つの歴史法則である。歴史学者として、ジラールは、セルバンテスからプルースト、そしてドストエフスキーへと至る欲望関係のこの進化を、伝統的な階級社会から近代的な民主社会への移行と結びつける。実は、それは歴史的世界規模でのコペルニクス的転回であり、近代的無差別化を、諸々の目印を奪われた世界を語る際、ジラールはパスカルの文章を面白おかしく真似ている。「デモクラシーは中産階級《ブルジョワ》の広大な宮廷だが、その廷臣はいたるところにいても、宮廷の主たる君主はいずこにもいない(5)」。彼はまた、平等さへの情熱をもつ預言者的分析家であるトクヴィルの分析にも出会う。「彼らは自分たちと同類の一部の者たちが持っていた特権を破壊した。そうして彼らは万人の競争と遭遇する」。

スタンダールは貴族の中産階級《ブルジョワ》化を、つまりは外的媒介から内的媒介への移行を描く小説家である。彼は次のような問いを立てる。「なぜ人間は、近代世界にあって幸福ではないのか」。平等さへの情熱は一義的なものではない。その隠された顔とは〈他者〉の魅惑である。模範は誰もが自分に欠けていると感じる或る本質を付与されているように見える。内的媒介において、差異とは空想的なものであり、欲望の産物である。ひそかに熱烈な崇拝の対象であればあるほど、媒介者はますます憎悪の対象となっていくだろう。対立する者たちが、互いの力を殺ぐ代わりに互いの力を強めあうというこの循環論法は、社会学者の目を逃れるものであり、小説家にしか感知されていない。

III　ロマネスク的一性

「ロマネスク的」文学は、認識上の一つの企てとみなさねばならない。それは個人主義とか「主体」の主権とかいう虚偽によって盲目にされたロマン主義的《ロマンティーク》な諸作品が映しだす〔反映する〕（refléter）ことしかできない事柄を、暴きだす〔啓示する〕（révéler）のだから。その事柄とは、欲望する主体と欲望される客体との間に、媒介者が存在しているということである。それはロマネスク的な網の目にくまなく行きわたり、偉大な小説家という真正の研究者たちの結論がそこへと収斂していく、一つの客観的な知である。「欲望はそれゆえ、ロマネスク文学の隅々まで張りめぐらされた一つの力学的な構造のように現われる。この構造を、空間内で落下する一個の物体に、その形状が落下時の加速が原因で絶えず変容する一個の物体に例えることができる。小説家たちが身を置く次元はそれぞれ異なるものの、彼らはこの物体が彼らの視界に入ってくるままに書き記すのである」[6]。空間的メタファーは三つの意味を帯びている。（一）欲望には固有の力学があって、この推進力が近代という時代の特徴である「歴史の加速度的な進展」に参与していること。（二）このダイナミズムは進歩という形ではなく、むしろ「凋落・落下」という形を取ること。（三）ロマネスク的一性なるものがあり、どの小説家も、いわば先行する小説家を引き継いで、この下降する螺旋の新たな段階を記述していること。ジラールは偉大な文学作品を、「かつてわれわれに示されたいかなるものにも勝る」人間についての一つの知の源泉と考えている。「ロマネスク」という術語を媒介者の存在を暴きだす〔啓示する〕諸作品に取っておき、「ロマンティーク」という術語を媒介者の存在を隠蔽する諸作品に充てるというジラールの決断は、欲望に関する一つの着想を徹底的に対立させることを可能にする。自発的な欲望という構想は、ロマン主義のように特殊な美学の専売特許ではなく、人文科学を含めて広く一般に共有されている。かの有名なエディプス・コンプレックスにおいて、母親への欲望は自発的なものである。「模範」たる父親が「障害物」となっていくことに幼いオイディプスが気づく時、フロイトは両面価値的《アンビバレンス》感情について語っている。だがそれは、問題を指示していても解決してはいない。『暴力と聖なるもの』のなかで、ジラールは、模範であるからこそ父は仇敵でもあるということを見ないようにするため、フロイトが複雑な理論形成を必要としたと指摘している。プラトンからフロイトまで、〔彼らの理論体系において〕模倣が紛争へと至らないのは、それがさまざまな欲望にまったく関与していないからである。われわれの文化は、模倣を、付和雷同する精神の源泉とする。模倣を紛争の火種として危惧しているのではなく、誤解しているのである。模倣された欲望という観念は、ゆえにまったく奇妙である。一般的な感覚では、自発的な欲望が標準で、模倣された欲望は例外である。スタンダールやプルーストあるいはドストエフスキーにとって、そしてシェイクスピアにとっては、自発的な欲望が例外で、模写された欲望が規範である。ロマン主義的《ロマンティーク》な〔すなわち文豪たちがその作家人生の初期に多く書いたロマン主義的《ロマンティーク》小説に登場するような〕主人公《ヒーロー》は、自分がオリジナルでありたいがゆえに、みずからの欲望を例外とし、他者たちの欲望を規範とする。この錯覚は何に基づいており、ジラールはなぜそれを虚偽とするのか。

IV　サタン、嘘の父

セルバンテスの描く主人公《ヒーロー》は典型的な模倣者であり、「ロマン主義的《ロマンティーク》英雄《ヒーロー》」の風刺画である。ロマン主義的《ロマンティーク》な読者たちは、それにもかかわらず、「結局はより高次の真理でしかない或る奇跡的な錯誤によって」この主人公《ヒーロー》に自分を重ねあわせた、とジラールは鼻で嗤う。ここで暴きだされて〔啓示されて〕いるのは、傲慢さによる思い違いである。なぜ〔読者たちは〕ドン・キホーテを模範とするのか。なぜなら〔実際は模範ではなく、模範を模倣する典型的な模倣者でありながら〕、現実を変貌させ自分の流儀で作り変えることによって、雄々しき騎士は神にも等しい自律性を具えているように見えるからである。そこから一人の「形而上的《メタフィズィーク》」英雄《ヒーロー》が、西洋の個人主義を象徴する一つの形象が作りだされた。中世哲学において神のそれであった諸特権は、少しずつ個人の、各々の特殊個別的な「自我」のそれとなっていった。傲慢なる者はもはや悪魔的な反逆者ではなく、「死せる神の一人子」[7]なのである。キリストが荒野で退けた、悪魔による三つの誘惑――社会的メシアニズム、懐疑、傲慢――は約束となった。それも「近代の誤った約束」と。最後の誘惑である傲慢はとくに一考の価値がある。というのも、「自我」の主権性は傲慢と、すなわち嘘つきにして嘘の父たるサタン（『ヨハネによる福音書』八章四二―四四節）を〔みずからの模範として〕選び取ることと結びついており、それゆえ「傲慢なる者が欲望するのは、どれもこれも、せんじつめれば、サタンという〈他者〉の前にひれ伏すこと[8]」だからである。

内的媒介を描く作品に登場する人物たち、プルーストやドストエフスキーの小説における登場人物たちは、媒介者の存在を吸収したいという渇きを告白している。「渇き（とプルーストは書いている）、風化した大地を焼き尽くすところのそれにも似た渇き、これまで一滴たりとも受け取ったことがないゆえに、私の魂が時間をかけてよりいっそう熱烈に吸いつくし、完璧に浸透させるであろう、或る生への渇き」と。媒介者の存在と融合することへのこの渇きは、ドストエフスキー『地下室の手記』（一八六四年）のうちに見いだすことができる。登場人物は一人の将校に突き飛ばされるが、そのことが頭から離れない。彼は面識もないその将校に「崇高な」手紙を書き、その将校との融合を夢見る。小説史のどこをどう切り取ってみても、ロマン主義的《ロマンティーク》英雄《ヒーロー》は、存在をとり替えたがる、つまり自分であることをやめることとなしに〈他者〉になろうとする。ジラールが言うには、この欲望は偶発的ないし心理学的原因によるものではありえず、形而上的意味をもつものである。この欲望に、個別のケースを超えた一つの普遍的原因を探しださねばならない。

V　形而上的欲望

概念の職人であるジラールにおいては、ちょうど「非現実的」という語が「現実的」という語と対立するように、「形而上的《メタフィズィーク》」という語は「形而下的《フィズィーク》」という語と対立する。〔客体へと向かう媒介者の欲望を模して、主体からこの同じ客体へと欲望が放たれるという仕方で〕三角形を描きだす欲望は、それが客体よりも媒介者の存在へと、すなわちニーチェにおける神の死以降、人間が遺産として受け取ることになったあの神的な自律性を具える存在者へと向かうようになった時から、形而上的と形容されるのである。だが、神に成るというサタンの約束は嘘偽りであり、隠れた傲慢が自己卑下を養うことになる。なぜか。なぜなら誰もがこの嘘偽りを経験するものの、この経験を普遍化することはできないからである。ひとはその約束が〈他者たち〉にとっては真実である〔つまり神に成ることができないのは罪深い自分だけだ〕と思いこむ。「宗教的世界においてそうであるように、原罪は、もはやすべての人間にとっての真実ではなく、一人一人の秘密であり、みずからの全能性と輝かしき支配力を声高に叫ぶこの主観性の、唯一の所有物である。〔……〕誰もが自分一人が地獄にいると思いこんでいるが、それこそが地獄である」[9]。

ロマン主義的《ロマンティーク》作品の主人公《ヒーロー》たちとロマネスク作品の登場人物たちとの間には、いくらでも類似がある。彼らは一様に傲慢さの犠牲者であり、嘘によってしか生き延びることができない。だが、ロマン主義的《ロマンティーク》小説の作者は、自分の描く主人公《ヒーロー》が孤独であることを信じており、この孤独を主人公《ヒーロー》の差異性の象徴となし、それと同一化する。ロマネスク小説の天才は、それとは逆に、傲慢さがもたらす虚偽の悲劇的ないし滑稽な側面をわれわれに見せる。地下室の男〔ドストエフスキー『地下室の手記』の語り手〕は喜劇的に描写されている。「このおれはひとりなのに、やつらはみんないっしょだ！」と。

カミュの小説『異邦人』のなかで、主人公《ヒーロー》はそれと同じ悲鳴を上げることもできたのかもしれない。だが彼は無関心である。一見すると彼はいささかも「ロマン主義的《ロマンティーク》な」ものを持ちあわせていないように見える。彼には欲望がなく、その人生は哀れなものであって、まったくの偶然でアラブ人を殺してしまう。ムルソーは或る「裁判官」社会の犠牲者である。彼らは結局、ムルソーが母親の葬儀で泣かなかったという理由で、彼に死刑判決を下す。ジラールは、主人公《ヒーロー》の孤独や彼をじろじろと見つめる群衆に対する無関心さが、実は典型的なロマン主義的《ロマンティーク》虚偽であることを指摘する。小説の最後で発せられる、彼の心からの叫びが真実を映しだしている。彼は他者たちに無関心であるのではなく、むしろ他者たちに、彼に対する他者たちの無関心さに取りつかれているのだ。「すべてが成し遂げられ〔訳注：十字架上のキリストの最後の言葉で、「これでつらい犠牲は終わった」の意〕、私がより孤独でないことを感じるために、私に残された望みは、私の処刑の日に大勢の見物人が集まり、憎悪の叫びを挙げて私を迎えることだけだった」。

ジラールはドストエフスキーを読んで、内的媒介の最も進んだ段階における形而上的欲望を、神への反逆へと、神に成ることができるという信念へと仕立て上げる。「自己神化や、それが含意する十字架刑は、中世的世界から現代的ニヒリズムへの推移を経ることなく過ごしている中産階級の小役人たちがみな日常的に食するパンのごとき、直接的なリアリティを成している」。ひとはみな似たようなものだと告白することは、「傲慢さへの自閉が〈他者〉へと向かう慌てふためいた運動と切り離せない[10]」だけに、いっそう実行困難である。自分自身の生き様を直視せず、自分が「模範」とする〈他者〉の目を通してしか自身を見ないことによって、形而上的欲望の犠牲者は、自分に対する〈他者〉の無関心さを、自身の無価値さやみずから選んだ模範の「神性」の証拠として解釈する。もしも「お仲間」がそこに彼がいることに注意を払ってくれていたら、語り手はけっしてあの形而上的「渇き」を覚えなかったであろう。その渇きとはもちろん、障壁への渇きである。熱烈に崇拝される存在がその形而上的本質を保持しうるのは、この存在が楽園への接近を禁じる場合のみなのだから。隣人の模倣を、すなわち「キリスト教が目覚めさせ、神へと方向づけた或る力のこの宛先変更」を、「逸れた超越」と呼ばねばならない。ルイ・フェッラーロを引用しつつ、ジラールはそう書き、次のように明確化する。「神の否定は、超越を削除するのではなく、超越を彼岸から此岸へと逸らす[11]」。

内的媒介の最終段階を描く小説家たちを読み、ジラールは、形而上的欲望がいかにして地獄のようなスパイラルに嵌まりこむかを示す。客体をつかまえたと思っても空をつかむ身振りに終わるだけなので、欲望は神的なものを、障害を通して探し始めるのである。永遠の夫は彼にとって障害となる諸々の模範を選ぶ。『地下室の手記』の登場人物である、地下に住む男は、諸々の障害を模範に変える。自分の進路を塞ぐ彼を問答無用でどかせた将校に捧げる熱烈な崇拝の入り混じった憎悪のただなかで、フロイトならこれを「潜在的な同性愛」と診断するであろう。自分が軽蔑し自分が刃向かう当の同僚たちから招待されるために、彼は下劣な真似をする。「ぼく個人について言うなら、ぼくは、諸君が半分までも押しつめていく勇気のなかったことを、ぼくの人生においてぎりぎりのところまで押しつめてみただけの話なのだ。ところが諸君ときたら、自分の臆病さを良識ととりちがえて〔……〕」。問題は性的関係ではなく、敵対関係である。「狂人」は物事を中途半端にやめる者たちよりも明晰だが、彼は自身の明晰さを、自身の盲目さに奉仕させる。そして彼の存在追求は、無へと通じる深淵への下降となるのである。

VI　欲望の戦略

ジラールが彼の初期作品で「形而上的」と呼ぶ欲望は、のちに模倣的欲望と名づけられることになる。彼の発見は人類学的な次元のものであるが、彼はまだそれを知らない。西洋近代において展開されるような欲望の力学へと彼が向けるのは、とくに歴史学者としての眼差しである。欲望の祭祀は、階級社会の消失、および紛争を未然に防ぐためこの社会が整えてきた外的障壁の消失と軌を一にしている。

それは「自我」の祭祀と混同される。だが、欲望が「解き放たれて」いくにつれ、「仇敵へと変じた模範という生き生きとした障害が、意気揚々と（あるいはむしろ意気消沈した様子で）、効力を失いつつある禁忌に取って代わる。生気がなく、受動的で、善意に溢れるものの誰にとっても等し並みな、ゆえにけっして本当の意味でひとをへりくだらせることのない、あるいは心的外傷を負わせることのないこの障害、これを諸々の宗教的禁忌は人びとに突きつけるのだが、こうした障害の代わりに、人びとはますます、仇敵へと変じた模範という、能動的で、機動性があり、獰猛な障害へと関わりあうようになる。個人として人びとの前に立ちはだかることへ積極的に関心を持ち、それを成功させるだけのものを奇跡的に具えているような障害へと[12]」。

欲望は模倣されるがゆえに伝染性があり、信奉者と模範との間の隔たりが縮小されていくだけに、ますます感染力の強いものとなっていく。誰であろうと自分の知らないうちに模倣されうるし、その人自身、自分を模倣した者たちを模倣することもありうる。自由で平等な諸個人から成る社会においては、誰もが自分は自由で主権をもっていると信じこむよう他者たちから推奨されており、他者たちにもそうだと信じこませようとしている。まさにそれゆえに、模倣は念入りに隠され、理論上は群衆本能の責任にされるのである。諸意識間のこの水面下での闘争において「主人」となるためのジュリアン・ソレルの戦略は、偽善（*hypocrisie*）である。彼は実際には感じてもいない諸々の感情をさも感じているかのように装い、自分の欲望をひた隠しにする。意識的なものであろうと無意識的なものであろうと、無関心さは欲望の戦略である。というのも、それは強力にひとを惹きつけるものだからである。それは自己充足のしるし、それゆえ神性のしるしである。モリエールの戯曲『人間嫌い』のなかで、艶めかしく色っぽい女性〔セリメーヌ〕が伊達男たちを魅了し、アルセストは意に反して彼らを模倣する。フロイトと違い、モリエールはその媚態のうちに、ごく幼い子どもや飽食した動物のそれのような「手つかずのナルシシズム」のしるしを見て取りはしない。セリメーヌは無関心であるわけではまったくなく、自分がその対象となっている諸々の欲望を模倣している。彼女は彼女自身を欲望しているのだ。愛人である男の欲望は、彼の支配者たる女性の無関心によってそそられ、それが彼女の媚態をさらに強めるのである。この循環は二重媒介のそれである。愛人である男たちの間に穿たれている溝が、彼らの類似を覆い隠してしまう。欲望とは互いに模写しあうものなのだ。「二人のパートナーの間を循環しているのは、同一の欲望である[13]」。

小説は、時間の展開を考慮に入れることを許容するジャンルであって、しかも内観〔内への眼差し〕を観察〔外への眼差し〕へと結びつけることの可能なジャンルであるから、主体とその媒介者が互いの「分身」となるほどにまで似通ってくるにつれ、欲望の相次ぐ進化と変化を、演劇以上に巧みに表現する。ひとが模範を選ぶのは、みずからを他と差別化するためであるが、二重媒介においては、一方が他方との差異化を図れば図るほど、「或る奇妙な消極的協働」の効果によって互いが互いに似てくる。王政復古時代の貴族は中産階級《ブルジョワ》の憎悪によって中産階級《ブルジョワ》化する。〔『赤と黒』の〕レナール氏とヴァルノは盲従的に互いを模倣しあうことによって敵対化する。〔『失われた時を求めて』において〕バルベックでヴァカンスを過ごす中産階級《ブルジョワ》の者たち、彼らは〔投宿しているホテル近くの〕堤防をぐるりと一巡するのだが、「自分たちの横を歩いている人たちや反対方向から来る人たちとぶつからないように、その方をちらりと盗み見しながら、しかし相手を気にかけていないように思わせようと、見てもいないふりを装うのであるが、そうかと思うと逆に相手にぶつかったり鉢合わせをしたりもするのであって、それは彼らがそれぞれ互いに相手から同じひそかな注目の対象になりながら、表面的にはその関心を同じ軽蔑の仮面で隠していたからであった」。

　ヴェルデュラン夫人のサロンがゲルマント夫人の「退屈な」サロンに仕掛けるにらみ合いを描く際、プルーストは、サロン同士の争いと、『失われた時を求めて』の最後に勃発する第一次世界大戦とを、類比《アナロジー》の関係に置いている。外的媒介の管轄に属する祖国愛〔愛国心〕と異なり、排外主義〔狂信的愛国心〕は憎しみに、すなわち〈他者〉へのひそかな熱烈崇拝に基づいている。ヴェルデュラン夫人のサロンは重度の排外的自国礼賛者である。フランスのドイツに対する関係は、ヴェルデュラン夫人のサロンに対するゲルマント夫人のサロンの関係と等しい。けっして前言撤回することなく敵方の陣営に寝返り、小説の最後でゲルマント大公と結婚することによって、ヴェルデュラン夫人は、一九四〇年に起こった一種のペタン派的排外主義の裏切りを先取りしている。二重媒介の法則は、社交界のサロンという小宇宙の「支持者」と、国という大宇宙の「国粋主義者」を同じ仕方で行動させる。敵対する者たちが諍いのもとである〔欲望の〕客体よりも諍いの方を好むようになると、紛争は無駄であると同時に出口なしとなる。そこには喜劇と悲劇、両方の本質が認められる。

プルーストにおいては、「花咲く乙女たちの影で」から「ソドムとゴモラ」へと物語が進行するなかで、形而上的欲望が悪化していく。内的媒介の「神」は「無関心」で残酷であり、楽園への入り口を塞ぐが、それはただ楽園に近づきたいという欲望の激しさを強化することにしかならない。俗物《スノッブ》は彼に門戸を閉ざすサロンにしか足繁く通いたいと思わないし、恋する男は苦しむことなしに欲望しえない。彼が苦痛に喘ぎながらも激しく欲望するのは不実な存在であり、その愚昧さと鈍感さによって現にあらゆるものへの関心を失った存在にこそ魅了されるのである。プルースト作品やドストエフスキー作品の登場人物たち、障害を「模範」に変えてしまうこうした登場人物たちの「被虐趣味《マゾヒズム》」についての問いが立ちあがる。擬似自己陶酔症《ナルシシズム》は〔欲望の〕一つの戦略として現われることもあるが、「被虐趣味《マゾヒズム》」が欲望の旗のもとに参入するのはもっと困難なのだから。

Ⅶ　擬似マゾヒズム

ジラールが常識的に考えて言うには、誰も自発的に自分自身を欲望しないのと同じく、誰も自発的に苦しむことを欲望しない。小説の登場人物たちはみな、「狂人」もそこに含めた人類という自治体《コミューン》に属している。狂人を自分たちから区別するために、とくに自分たちを狂人から区別するために、われわれは狂人にレッテルを貼る。ところが、ドストエフスキーにとってもジラールにとっても、「狂人」とは、他の人びとが半分までしか押し進めなかったことを極限まで押し進めた者なのだ。あるのはただ一つの欲望のみ、模倣的欲望とその固有のダイナミズムである。それは、外的媒介から内的媒介へ、そして二重媒介へと到る、不可避的にして不可逆的なダイナミズムである。

二重媒介において、非現実的なものへの敷居が飛びこえられる。自分の信奉者・弟子の欲望を模倣することによって自分自身の欲望を欲望しつつ、「模範」はみずからを自分の信奉者・弟子の信奉者・弟子に仕立て上げ、信奉者・弟子はみずからを自分の模範の模範に仕立て上げる。彼らは互いの「分身」であり、両者のいずれもが、所有すべく〔欲望の〕客体へと注意を向けるよりも、勝利すべく自分の敵対者へとより多くの注意を向ける。情痴犯罪が証言するように、恋敵に所有されるくらいならと〔欲望の〕客体を破壊するほうを選ぶ場合さえある。欲望の究極の真理とは、賭け金なしの相互的暴力である。それは、模倣的欲望の力学の一つの結果である。敵対関係はまず〔欲望の〕客体の価値を増大させ、ついで、いつも期待外れに終わるこの客体に見切りをつけて〔客体への行く手を阻む〕障害そのものに固着することになる。ひとはそこで、神的なもののしるしである乗り越えがたい障害へと猪突猛進する。多くの文化において、人びとは威信を求めて争いあっているが、実を言うと、われわれ西洋圏の文化において、リスクへの嗜好・無限の渇き・狂気じみた愛と、被虐趣味《マゾヒズム》のように「病的」とレッテルを貼られる諸々の振る舞いとの間に、非連続性は存在しないとジラールは言う。

欲望が成功しようとしまいと、欲望はつねに挫折する。ゲルマント公爵夫人にようやく受け入れられた時、『失われた時を求めて』の語り手である「私」は、途方もなく幻滅する。みずからの欲望を断念するよりもむしろ、彼は自分の存在が「特権階級的な神秘」の出現を妨げたのだと自分を納得させようとする。彼がアルベルチーヌに惚れこむのは、彼女の不実を信じている時だけである。二重媒介の段階では、もはや〔欲望の〕客体は存在せず、模倣的なダブルバインドのみが残る――〈模範‐障害〉という強迫観念のみが。「狂人」は、障害である限りでの模範の魅惑に身を委ね、その暴力を熱烈に崇拝し、それを一つの絶対へと仕立て上げる。

「形而上的」欲望の選ぶ道がどれほど行き当たりばったりで行き止まりにさえ見えようとも、この欲望が「被虐趣味的《マゾヒズム》」であるのは、それが苦しみをみずからの目論見の成功と結びつけているという理由によってのみである。それは、「取られた金を取り返す」必要に迫られて賭け金を二倍に釣りあげる賭博師のようなものである。「形而上的」欲望は完全勝利を欲しているのだ。ひとが被虐趣味《マゾヒズム》を理解することはない、とジラールは書いている――欲望の三角形的（あるいは模倣的）性質を見て取らない限り。ひとは苦しみを、たしかにそれに向かって被虐趣味的《マゾヒスト》な人間は突進するのだが、彼の欲望の客体そのものとする。ひとは彼を、健全な精神の持ち主ならけっして欲望しないものを欲望するあの怪物だと有罪宣告する。実際は——そんなことわれわれだってとくに知りたくもないのだが——被虐趣味的《マゾヒスト》な人間が欲望するものはわれわれと同じ、自律と自制なのだ。だが「彼を診るあらゆる医者の直観よりも深い形而上的欲望の直観によって、彼はもはや、彼がいずれその侮辱された奴隷となるであろう一人の主人のもとにおいてしか、〔自律と自制という〕なによりも貴重なこの資産を発見することを期待しなくなる」(14)。

擬似被虐趣味人《マゾヒスト》の明晰さは、或る盲目的な欲望へと奉仕し始める。模倣の渦巻《スパイラル》に飲みこまれると、そこから抜けだすことはできなくなる。だが、そこへ入ることを拒否することはできる。モリエール『人間嫌い』のアルセストは一人の艶めかしく色っぽい女性〔セリメーヌ〕に愛されようと努力するが徒労に終わり、〔係争相手の奸計により、裁判にも敗れ〕ついにはみずからの「隠遁の地」に引きこもる。救いは、完全に意識明澄な欲望にとっては実際、断念することであろう。奇妙なことに、この種の断念は、実生活におけるのと同様、文学においてもきわめて稀であり、否定的に解釈されてきた。『人間嫌い』のラストで表現されているのは、緑のリボンの男〔アルセスト〕の挫折、彼が拒絶する当の社会によって拒絶された男の挫折と言えよう。ラファイエット夫人の小説『クレーヴの奥方』のラストは理解を得られなかった。奥方と、彼女が愛する紳士ヌムール公との間には、もはや障壁がない。それにもかかわらず、奥方は彼に、修道院へ入ると告げるのである。彼女は被虐趣味人《マゾヒスト》なのか。ジラールは、この「断念」に斬新な視座を与えることによって、この登場人物の自由を、完璧な自制心という形で明らかにする。「クレーヴの奥方はついに、彼女を待ち受けている未来を目にする。だが、彼女はこの地獄のようなゲームに参入することを拒む。宮廷から遠ざかることによって、彼女はロマネスク的世界と形而上的感染から逃れるのである[15]」。彼女が断念するのは幸福ではなく、むしろ地獄であり、彼女は地獄を放棄するのである。彼女がどれほどの言葉を費やして愛する男にさよならを告げたか、次のように描写されている。「亡くなったクレーヴ殿はおそらく、結婚生活においても変わらぬ愛情を注いでくださることのできる、この世で唯一の男性でした。その幸せをしっかり噛みしめることができなかったのは、私のさだめです。それにおそらく、夫の情熱が長続きしたのは、私のなかに彼への私の情熱を見いださなかったから、ただそれだけの理由でしょう。でも、同じようなやり方であなたの気持ちを繋ぎとめておくことは、私にはできないでしょう。それに、さまざまな障害があったからこそ、あなたは変わらぬ愛情を示してくださったとさえ思っておりますので[16]」。

Ⅷ　〈主人〉の境地から〈奴隷〉の境涯へ

ラファイエット夫人の描く女性主人公《ヒロイン》がそこから逃れでるロマネスク的世界は、〈主人〉の境地から〈奴隷〉の境涯へと到る道筋を辿る。この運動は、ジラールによると、小説史のどこを切り取っても個々の小説のどれを見ても立証される、ロマネスク的構造の一つの根本原理である。スタンダールは

〈主人〉の境地を描く小説家であり、プルーストは〈奴隷〉の境涯を描く小説家である。ジュリアン・ソレルは主役兼主人であり、われわれは彼の目を通して世界を見る。プルーストの描く語り手は奴隷の境涯に嵌まりこんでしまっており、その彼の視点から、コンブレーの親愛なる神々に始まり、ヴェルデュラン夫人のサロンに集う残虐な神霊たち、そして「ソドムとゴモラ」の加虐・被虐《サド・マゾヒズム》趣味に至るまで、われわれは小説世界が悪化していく様を見届けるのである。ドストエフスキーの描く登場人物たちについて言えば、彼らは絵に描いたような、個人のエゴイズムと利害関係の調和に立脚した、十九世紀的な道徳的陳腐さの権化だが、それもことごとく否定される。彼らの傲慢さが、つねに彼らを最も下劣な奴隷の境涯へと突き落とす。「われわれの利害関心は、それがどれほど「よく考え抜かれた」ものであろうと、魅惑的な死刑執行人たる〈他者〉が握っているように見えるあの絶大な力といったい何を秤にかけて事の利害を比較検討するだろうか(17)」。

フランスにヘーゲルを移植したアレクサンドル・コジェーヴが〔個としての〕人間から人類への通路とした、ヘーゲルの有名な「主人と奴隷の弁証法」と違って、諸意識間のひそかな闘争によって生みだされたロマネスク的弁証法が、幸福な総合を見ることはない。スタンダール、ドストエフスキー、プルーストは、諸々の位階秩序《ヒエラルキー》の削除、つまり人間の権利や平等の承認によって、人びとが和解の道を辿ることになったとは認めない。事態はむしろ逆である。媒介が内的媒介へと進化すればするほど、小説の主人公たちは互いの「分身」となり、彼らの敵対関係は激化していく。フォーブール・サン゠ジェルマン地区のサロン間の戦争は、歴史学者あるいは社会学者の目には、サロン同士を差別化するものがないだけに、ますます残忍に映る。

天才的な小説家たちは、たとえ彼らの思弁的な書き物が彼らの時代の思いなし《ドクサ》に依然として囚われていようと、欲望の模倣的な本性を感知し、その隠れた力学を記述している。ドストエフスキーの描く登場人物たちの自由は、サルトル的な主人公《ヒーロー》たちのそれと同じくらいラディカルであると、ジラールはわれわれに語る。というのも、彼らの世界はどれも一様に客観的諸価値を欠いているからである。だが、ロシアの小説家〔ドストエフスキー〕の方は、哲学者であり小説家であるサルトルと違って、次のことが分かっている。「そのような世界にあっては、本質的選択は、その模範が他人を通じてわれわれに供給されるところの、すでに何らかの意味を帯びた振る舞いに〔……〕関わっているはずである」(18)。選択するとは、ジラールにとって、自分のために模範を選ぶことであり、「真の自由は、人間的な模範と神的な模範の間の、根本的な二者択一のうちに存している」(19)。スタヴローギンを神格化することによって、彼を真剣に崇め奉ることによって、ドストエフスキーの『悪霊』は、スタヴローギンを反《アンチ》キリストの一つの形象に仕立て上げている。

模範の多数性は「自我」を断片化させ、唯一の〈模範‐障害〉という強迫観念は「自我」をそれ自身に反して分裂させる。そしてそれが、狂気の闖入《ちんにゅう》である。模倣的欲望の歴史は、「正常《ノーマル》と言われる知覚のうちにもすでに存している多かれ少なかれ〈マニ教的な〔二元論的な〕〉分割や分配から、最も〈平均的〉とされる実存にもとり憑いている分身や三角関係から、ヘルダーリンやニーチェのような者の狂気にまで及ぶ」[20]。ロマン主義的《ロマンティーク》な諸々の態度《ポーズ》のなかで最後に来るものは——カミュ『異邦人』の登場人物に見受けられるのだが——欲望なき人間の明晰な愚鈍化である。欲望なき人間とは、自身の虚無から脱して情熱へと身を投じる代わりに、この虚無を欲望の客体、および自身の傲慢さの原動力とする、夢遊症的な主人公《ヒーロー》である。形而上的欲望の最終段階で、ドストエフスキーにおいては、「被虐趣味《マゾヒズム》」に続いて自己破壊が起こり、主人のほうが、奴隷よりもいっそう自殺へと駆りたてられる。ジラールは書いている。「形而上的欲望の真理とは、死である」と。まず、無感覚に見えなければならない。それが、自制心を保っておくためのジュリアン・ソレルの戦略である。ついで、人ではあるが最も神に近い模範の選択が、欲望を最も手に負えない障害へと方向づける。『失われた時を求めて』のスワンや語り手は、「知的ないし道徳的次元に魅力を感じることのできない」、心底無感覚な女性たちに惚れこみ、彼女らの奴隷となってしまう。逸れた超越はドストエフスキーにおいて、『悪霊』の主人公《ヒーロー》スタヴローギンの怪物性と自殺にまで至る。

　欲望のこの地獄のような力学は、ジラールがさまざまな神経症《ノイローゼ》の一つの模倣的起源を示すことを可能にする。この上なく遠い過去のうちに、そして無意識の奥底にさまざまな神経症《ノイローゼ》の原因を探りながらも、なぜ神経症《ノイローゼ》的なエピソードが時とともに緩和されるどころか強化されるのかを説明しない精神分析と違って、〈模範-障害〉説は病の悪化を説明できる。「模倣的欲望と模倣的対抗は、フロイト的に解釈されたオイディプスと異なり、ひたすら構造を解体するような価値をもつ。〔……〕『カラマーゾフの兄弟』において、生みの親としての役割を担っているにもかかわらず、父カラマーゾフ〔フョードル〕は実は、一人の悪しき兄弟、一種の分身にすぎない。〔……〕真に溺死させるべき魚はけっして父ではなく、すなわち過去の仇敵であり無意識の奥底にある偶像ではなく、精神分析のせいで端役へと追いやられた、現在および未来の仇敵なのだ[21]」。フロイトが死の間際に公準として要請した「死の本能」については、ジラールはこれを「無力さの告白」と見ている。彼の原理において、障害と模範の究極的な、しかも父親的なものを意味するのではまったくない同一性を見分けることができなかったという意味での、無力さの告白であると。

Ⅸ　脱神話化と回心

「ゲラサの悪魔憑き」という聖書中のエピソードが分かりやすく示す、ドストエフスキー的黙示録がある。キリストは穢れた霊にとり憑かれている一人の「悪魔憑き」を解放する。霊の名はレギオンという。この霊が豚の群れのなかに逃げこむと、群れは湖へとなだれ落ち、溺れ死んでしまう。とはいえ、病者は癒えた。『悪霊』は黙示録的な場面を幾つも含んでいるが、聖書売りの女が聖人ルカの物語を読んで聞かせてやるステパン・トロフィーモヴィチの死は、光への帰還である。「僕は生涯ずっと嘘をついてきました。真実を言っていた時にも。僕は一度として真理のためにものを言ったことはなく、いつも自分自身のためにだけで、そのことは前から知ってはいたのだけれど、今初めてはっきりと悟ったのです」。この登場人物は虚偽に奉仕する知と真の知見とを区別するが、後者が虚偽に打ち克つのである。「自分自身のためにだけ」真実を言うこと、それは模倣的欲望の事実であるのみならず、現代的な脱神話者の事実であり、〔自分は本当に知っているが、他の者は〕みな知っているふりをしているのではないかとあらゆる人に嫌疑をかけるほど十分に〔自分が真理のためにではなく、自分自身のためにだけ真実を言っていることを〕知っているこの半-巧者（*demi-habile*）の事実である。「これら神話の屍の上に、自分自身の解脱の神話という、あらゆる神話のなかで最も偉大なる神話を打ちたてようと腐心する脱神話者からは、いかなる欲望も逃れることはない[22]」。

怨恨《ルサンチマン》の結果ないし傲慢さの狡知でもありうるがゆえにつねに両義的な「脱神話化」とは逆に、『悪霊（*Les Possédés*）』の登場人物のロマネスク的回心は、真実との対面である。それは一つの実存的経験である。というのも、ここでの真実とは、けっして「〔自分以外の〕他者たち」にしか関わらないすべての真理のように抽象的で一般的なものではなく、脱所有化（*dépossession*）という形をとった自己への回帰だからである。この回心に先行する回心は数多くあり、その最初のものが、死の床にあるドン・キホーテの回心であるが、ジラールはこれをロマネスク的一性の明らかな証拠としている。この一性は美学的なものではなく科学的なもの、或る人類学的真理の啓示を中心に据えた、科学的なものである。ジラールが取り組む小説家たちはわれわれに模倣的欲望を啓示し〔暴きだし〕、これをその歴史的軌道のなかで記述する。想像力の産物である小説と理性の産物である科学との関連づけに調子を狂わされて、ジラールの読者は、科学的使命を帯びた仕事のなかで宗教的言語や宗教的象徴が使われていることに躓いてしまうかもしれない。自問してみなければならないのは、なぜ、プルーストがそうであったような〔神の存在も非存在も知りえないとする〕不可知論者的な小説家が、宗教的言語や宗教的象徴なしで済ますことができないように見えるかということである。

「至上の無秩序から超自然的秩序が生まれる」とジラールは書いている。模倣的欲望のダイナミズムは人を死へと至らしめるが、死を前にして初めて、奇跡的に、ロマネスク的主人公《ヒーロー》は傲慢さと、傲慢さに起因する諸々の虚偽を放棄するのである。ドン・キホーテはみずからを「アマディース・デ・ガウラおよびその一族の有象無象の敵」となし、ジュリアン・ソレルはみずからの反抗を断念してレナール夫人を愛するようになる。「見いだされた時」を経験していなかったら、語り手である「私」は『失われた時を求めて』を書かなかったであろう。プルーストは病に感謝している。病は、「信徒が犯した罪の告白を告解室で聞く粗野な司祭のように、彼をこの世で死なせてくれた」のだから。そして彼は、「一粒の麦、地に落ちて死なずば、ただ一つにてあらん、もし死なば、多くの実を結ぶべし」という聖ヨハネの言葉〔『ヨハネによる福音書』一二章二四節〕を引用する。再び生まれるためには、死なねばならない。

傲慢さに由来する諸々の虚偽によって構造化された「自我」が、自分自身を再びわがものにするという幸運をつかむためには、いったん全面的な脱構造化を被らねばならない。敗北における主人公《ヒーロー》の勝利は、回心の語で読まれるべきものである。虚偽が真実に場所を譲り、思い出が不安にとって代わる。小説の真の主人公《ヒーロー》は形而上的欲望に打ち克ち、かくして小説を執筆できるようになる。社交界好きの俗物《スノッブ》から天才作家への変身は、明晰さ以上のものを要求する。自己自身のうちへ降りていくこと（descente en soi-même）が必要である。いっさいの構造を解体するような、死の切迫と結びついた、宗教的回心との類比《アナロジー》で語られるような内的体験が。そこでは〈他者〉の秘密がわれわれ自身の秘密と何ら変わりないことが発見される。自己への回帰とは、他なるものの脱所有化である。偶像であり、憎むべき仇敵である他者は隣人となり、そして作家にとっては、「自分自身の内奥を映す鏡[23]」となる。ジラールの主張は、さまざまな偶像崇拝の下に埋もれている欲望のこの真理へと接近するためには、或る心霊上の回心が必要ということである。それは必ずしも宗教的なものである必要はないが、キリスト教の象徴体系のうちにしばしばその表現を見いだすような、一つの回心が必要だというのである[24]。

原注

（1）巻末参考文献【1】一七頁。
（2）巻末参考文献【1】二〇頁。

（3）巻末参考文献【1】三五頁。
（4）巻末参考文献【2】二一九―二二〇頁を参照のこと。
（5）巻末参考文献【1】一四二頁。
（6）巻末参考文献【1】一一三頁。
（7）巻末参考文献【3】九四頁。
（8）巻末参考文献【3】一二一頁。
（9）巻末参考文献【1】七四頁。
（10）巻末参考文献【3】七八頁。
（11）巻末参考文献【1】七五頁。
（12）巻末参考文献【4】三八二頁。
（13）巻末参考文献【1】一二六頁。
（14）巻末参考文献【1】二一一頁。
（15）巻末参考文献【1】二〇二頁。
（16）強調は著者による。
（17）巻末参考文献【3】六二頁。
（18）巻末参考文献【3】六四頁。
（19）巻末参考文献【1】七五頁。
（20）巻末参考文献【3】二四頁。
（21）巻末参考文献【3】三五頁。
（22）巻末参考文献【1】三〇四頁。

(23)「ロマネスク的経験とは［……］ようやく作家に授けられた可能性、仇敵である他者の最も醜悪で最も滑稽な諸特徴のうちに、作家自身の内奥を映す鏡を突きとめることによって、真に記憶に留めるべき登場人物たちを創りだす可能性である。それは、その時まで不可能であった、観察と内観の融合である」（巻末参考文献【3】一七頁）。

(24)「作品それ自体が回顧的なものである。それは或る心霊上の変身の物語であると同時に、この変身への褒賞である」（巻末参考文献【3】一八二頁）。

第三章　贅のメカニズム

文芸批評と人類学との間の非連続性は、見かけ上のものにすぎない。模倣的欲望はジラールの学的構築物の隅石《コーナーストーン》である。もし人間が、たんに他者から学習するのみならず、同じものを欲望するという理由でも「模倣的動物」であるのなら、次のように自問しなければならない。いかにしてヒトという種は、連鎖する模倣的対抗という障害を乗り越え、この種自身がもつ暴力に感染したあとも生きのびることができたのかと。もし欲望が、今も昔も変わらず狂気や死へと方向づけられているのなら、自然から文化への移行の問いは、或る秩序から別の秩序への移行の問いではなく、無秩序からの秩序の発生の問いである。

I　供犠とは何か

起源の問題という地雷の埋まったこの戦場で、ジラールはきわめて慎重に冒険へと乗りだす。起源神話とは、誰もがそんなことを知っていると信じているように、〔説明のためのたとえ話にすぎない〕寓話であり、十九世紀および二十世紀初頭の「諸々の偉大なる人類学」（偉大というのはその野心によっても、またその直観によっても）の挫折以来、起源の問いは神話的とみなされている。哲学者にせよ人類学者にせよ、人間社会の起源について仮説を立ちあげた理論家たちはみな、互いにそして正当にも非難しあうことができた。社会的なものを、社会的なものの存在を前提した諸々の必要性や手続きから生じさせることにより、結果を原因ととり違えているのではないかと。そのうえ、神話とは解釈に次ぐ解釈であって、神話から遡って何らかの実在へとたどり着くことは不可能であるように見える。構造主義は神話をその無意味性から救いだしたが、それは、人間精神の結構へと送りかえす言語のように、神話を研究することによってであった。だからといって〔構造主義的解釈のもとで無意味性から救いだされた〕神話が、構造化する一方で脱構造化するその効果がいまや明らかな、人間の模倣、この模倣という振る舞いによって喚起された問いに答えることを可能にするような何かを語ることはあるまい。その問いとは、いかにして人間社会なるものが可能になったかである。

だからこそジラールは、儀礼をみずからの人類学的調査の着手点とする。彼はデュルケムのうちに、宗教とは「上部構造」などというものではなく社会的超越であり、つまるところ社会と同じものであるという天才的な直観を見いだした。そして彼が、ロバートソン・スミス、フレイザーその他のイギリスの人類学者たちの著作を読むなかで心に留めおいたのは、宗教的なものは信仰によって特徴づけられるというより、儀式において受肉され禁忌を通じて方向づけられた行動によって特徴づけられるという事実であった。あらゆる儀式のなかで最も研究されている儀式とは、最も広まっていると同時に最も謎めいているもの、すなわち供犠である。犠牲者と神の周りに人びとが集まるのだから交わりの行いではあるが、供犠は、追放という暴力的な行い、死へと追いやることでもある。なぜ、罪人の処刑にも似たこの死刑執行が万人の参加を必要とするのか。なぜ、人びとは一体感を感じるために彼らのうちの一人を暴力的に排除するのか。そう問われてきたものの、これらの問いに対する十分な回答はまったく見つからなかった。なぜならジラールが言うには、供犠と暴力の関連について真に問い訊ねられたことが一度もなかったからである。

暴力とは、ジラールにおいて、欲望に負けず劣らず、あらかじめ定義されうるような対象ではない。本書の先の方で、暴力は固有の本質をもつわけではなく、実体的なものではまったくないことが分かるだろう。暴力とは、模倣的対抗の一つの結果である。経験はわれわれに、暴力を鎮めるのは暴力を煽るよりも難しいと教える。かくして、暴力の引き金となった共同体構成員を責めたてることができなければ、暴力は代わりの犠牲者を、そのために暴力が「盲目的」と言われるところのものを、それ自身のために見つけだす。ジラールは、ギリシア悲劇を読むことによって、また現地調査にあたる民族学者たちの著作を読むことによって教えを受け、儀礼的な供犠とは置き換えの暴力ではないかと示唆する。遊牧民の共同体において、家畜は人びとの生活と密接に結びついており、贄とされる獣は共同体の「分身」のようなものなのである。哲学者や悲劇詩人たちの集う都市国家アテナイにおいて、五世紀には、ファルマコス（*pharmakos*）という形で人身御供がなお存在していた。ファルマコスとは、必要な場合には生け贄にされるという条件で都市国家に養われている哀れな男である。エウリピデス『タウリケのイピゲネイア』のなかで、クリュタイムネストラは自分の娘が生け贄にされることに憤慨する。なぜならそれは、諸々の悪しき理由で、つまり淫蕩なヘレネー〔訳注：クリュタイムネストラの義弟メネラオスの妻で、トロイアの王子パリスと逃避行に及んだ絶世の美女〕を奪還すべく実行されることだからである。だが、娘のイピゲネイア自身はそれを受け入れたのだろう、「一族に奉仕するため〔……〕、他のすべての者たちを救うために」。

そこでは明らかに、犠牲に供されるのが人間であれ動物であれ、儀礼的な供犠の機能が描きだされていることが見て取れる。これは経済的な〔コストのかからない〕暴力である。なぜなら、その暴力は共同体を、「贄としうる」一個の犠牲者の周りに集結させ、しかもその死は、イピゲネイアの死と違って、復讐という形で新たな暴力の源泉となることはないのだから。それでも次のように問うことはできる。

なぜ犠牲者は、それが人間であれ動物であれ、他者たちのために、いわば他者たちになり代わって死なねばならないのか。よくある回答は神学的なもので、神々を引きあいに出す。神々を満足させるため、神々の怒りを鎮めるため、ひとは燔祭《ホロコースト》〔訳注：古代ユダヤ教で動物を丸焼きにして神に捧げる儀式〕なるものに従事してきたのだと。生け贄は一般的に、供犠を執りおこなう者と神的な性質を帯びたものとの間の媒介として定義されている。デュルケムの弟子であるユベールとモース[1]は、犠牲者を仲立ちとした聖なる世界と俗なる世界の間のこの交流は、俗と聖の間の距離を保つこと、両者を分離することを目的にしているという直観を得た。とはいえ、けっして循環論法から出られたわけではない。ここでの循環とは、供犠が存在するのは聖なる世界が実在するからで、しかし聖なるものそれ自身は供犠によってしか証しされないという循環である。かつては「野蛮人」を幼児に例えることによって、ひとは宗教的なものの謎を追い払おうとしていたものの、この謎はけっして解消されたわけではない。

II　供犠の危機

解明の光は、ジラールにとって、やはり諸々の偉大なテクストを読むことからもたらされる。ここでは、ギリシア悲劇がそのテクストであり、ギリシア悲劇が生まれたのは、古代ギリシアの都市国家群における、太古の宗教秩序から国家の司法秩序への移行期と時を同じくしている。ソフォクレスのもう一人の偉大な読み手であるフロイトは、『トーテムとタブー』のなかで真相を垣間見せていたが、この著作自体、学界ではきわめて不評だった。フロイトが思い描いていたのは、彼の表現によれば一つの「科学的神話」であり、それによると、ダーウィンの言う未開遊牧民族の父殺しが、人類初期共同体の発端となったのではないかということである。始祖殺し（*meurtre fondateur*）というこの直観は、ジラールによると天才的なものであって、供犠を一種の共同記憶化として見ることを可能にし、またその矛盾的な諸側面を説明することを可能にする。その矛盾とは、供犠が、一方で、犯罪的かつ違反的な暴力でありながら、他方で、浄化的かつ正当な暴力であることである。宗教的なものの謎と起源の問いを関連づけることは、ジラールにとって根本的である。神々の起源と人間社会の起源は、唯一にして同一の問いなのである。しかし他方で、原初の尊属殺人というこの比類なき出来事は、学問的には受け入れがたい神話である。この出来事が発生させるとみなされているところのものを前提しているのだから。前提されているものとは、家族、近親相姦の禁止、父親への対抗心、要するにエディプス・コンプレックスである。

　フロイトの筋書きでは、息子たちは一族の女たちを手に入れるために父親を殺すが、彼らの間で女たちを分かちあうには至らない。互いに殺しあわないために、彼らは獲物を断念することによって最初の社会契約を結んだのだろう。それに実際、近親相姦の禁止も外婚もなくして人類はありえない。ところで、もし供犠という儀礼が、その創設の出来事としてのあの「〔始祖殺しという〕出来事」へと送りかえすとすれば、事の順序はそこで逆転することになるだろう。模擬的戦闘や時には実際の対決、近親相姦のような禁忌の侵犯など、儀礼の一部をなすありとあらゆる種類の無秩序が、犠牲者を贄として屠る振る舞いにつねに先行している。文化ごとにさまざまなバリエーションはあるものの、儀式というものの変わることのない母胎がある。それは殺害行為が、紛争の源泉としてではなく、むしろ逆に、共同体へ平和をもたらす行動として現われるということである。共同体の構成員全員が、時に私刑《リンチ》にも似た供犠に参加するという事実が意味するのは、ただ一つである。共同体が、みずからの保持する暴力すべてを犠牲者に転移するということである。供犠とはカタルシスをもたらすものであり、共同体の孕む暴力を生け贄に肩代わりさせることによって、共同体をそれ自身の暴力から浄化する。供犠は敵の不純な血を生け贄の純なる血へと変容させ、その死が諸々の緊張を鎮めるのである。血液とはつねに、暴力のように、流出してどこへでも拡散されるあの物質であるが、人間はその流れを止めることを覚えてきた。供犠的殺害は、共同体内部に蓄積され、共同体を死でもって脅かす暴力への、つねに暫定的で、むしろ危険な治療薬ということになろう。

薬は病より悪い〔訳注：「打った手のほうがかえって危ない」という諺〕ということもありうる。なぜなら両者の間には一種の類縁性があるからであり、暴力の場合、現実的な同一性さえあるからである。人間が暴力に応じるのは、暴力によってである。司法判決の場合のように「最後通告」するためでさえ、暴力によってである。(2) それゆえつねに「善き」暴力と「悪しき」暴力があり、両者を区別することはきわめて重要である。悲劇作品『狂えるヘラクレス』のなかで、エウリピデスは或る供犠の破局的な失敗を示す。十二の功業から帰還したヘラクレスは、荒ぶるまま、祭壇に身を寄せていた自分の家族を、これを生け贄にすべく準備していた強奪者リュコスから奪い返さなければならなくなる。彼はリュコスを殺害し、みずからを浄化しようとする。だが暴力が氾濫して彼は正気を失い、常軌を逸した行いのなかで、家族全員を「生け贄にして」しまう。善き暴力と悪しき暴力の違いは、実体的なものではまったくない。両者は同じ実体、つまり血液であり、時と場合に応じて吉凶両面を見せる。そして両者の混合はつねに可能なのである。供犠的儀式において、生け贄の殺戮に先行する無秩序は見せかけのものだが、いつでも本質的な暴力であって、ひとが誘導したり停止したりできるものではなく、供犠的な暴力が機能するのを妨げる可能性もある。

　暴力以上に模倣的で、それゆえ感染力の高いものがないのは明白である。だがジラールにとっては、模倣こそが暴力を発生させるのだ。その人類学的著作において、彼は、諸々の欲望の模倣から相互的暴力へと至る主体なきプロセスを指し示すため、ミメーシス（*mimesis*）というギリシア語を用いる。誰かが始めたわけではないのに、互いが互いを模倣しあうことによって、紛争の中心人物たちは彼らの諍いの賭け金を見失い、暴力の双生児となるに至る。エテオクルとポリニス〔訳注：ソフォクレスの悲劇作品『アンティゴネー』の登場人物で、オイディプスの追放後、都市国家テーバイの王座をめぐって争いを始めた彼の双子の息子たち〕のような、互いに殺しあうあの「敵兄弟」のように。我有化の模倣は敵対化の模倣となったのである。悲劇作品が示すのは、諸々の差異の破壊、すなわちそれが父親と息子であれ、敵対する者たちの完璧な左右対称性である。『オイディプス王』において、ソフォクレスは親殺しを、報復の世界における報復の一形式とする。父のライオスは息子から殺されるのではないかと不安を感じて子のオイディプスを遠ざけていたが、オイディプスは自分を殺害する恐れのあった父のライオスを殺してしまう。そして荒廃した都市国家テーバイをあるべき姿に戻そうとしていた「賢者たち」、テーバイの王オイディプス、予言者テイレシアス、そして摂政クレオンの関係性は、彼らが食い止めると言い張っているまさにその害悪によって汚染されるのである。互いに罪をなすりつけあうことによって、彼らは「ペスト」という語が指し示す、悲劇的な無差別化のうちへと吸いこまれていく。

ジラールは供犠の喪失を、すなわち善き暴力と悪しき暴力の間の差異の喪失を、供犠の危機と呼ぶ。そしてこの喪失は、文化的秩序の完全なる破壊をもたらす可能性がある。文化的秩序とは、たとえば言語のように、諸々の差異から成る一つの組織化された体系であり、この体系のおかげで、個々人は家族のなかで、都市のなかで居場所を定め、そこからみずからのアイデンティティを受け取るのである。諸々の差異は社会的調和にとって障害になるのではないかという近代的偏見に抗して、ジラールは『トロイラスとクレシダ』〔訳注：ウィリアム・シェイクスピアの悲劇作品〕におけるユリシーズ〔訳注：ギリシア神話の英雄オデュッセウス〕の言説を参照する。「諸々の社会は〔……〕位階秩序《ヒエラルキー》（階級《ディグリー》）がなくなったらどうやって維持されうるだろうか。位階秩序《ヒエラルキー》を壊してみよ。この手綱を緩めてみよ。そうすれば、ただちにどういう不協和音が訪れることか。すべては衝突し、すべてが対立する。先ほどまでせき止められていた川の水位はまたたく間に河岸を超え、この地球《ほし》をごった煮のスープのようにしてしまう。力はいまや弱さに対する女王であり、激昂した息子は父親を死ぬほど打つ。暴力が法となる。そればかりか司法がその永遠の戦いを取り仕切るところの合法と違法は、その名を失う。司法も同様である」。シェイクスピアにおける洪水は、ソフォクレスにおけるペストと同じものを象徴している、すなわち暴力的な無差別化を。階級《ディグリー》（*degree*）という語は「位階秩序《ヒエラルキー》」と翻訳されるが、この語は、それのみが諸要素を関係づけそれらに意味を与える、微分的偏差を意味する。供犠の危機とは、それゆえ階級の危機である。無ペストや洪水のようなメタファーこそが、無差別化する暴力の語りにくさを最もよく表現している。無秩序とは構造主義が思惟しえないものである。詩人たちだけが、そこへとアクセスする術をわれわれに教える。

III　身代わりの犠牲者

悲劇は供犠と密接な関係を結んでいる。悲劇は宗教的起源をもつものであり、アリストテレスの表現に従うなら、供犠と同じく「カタルシス的なもの」、すなわち浄化作用をもたらすものである。司法システムの出現に伴う、儀礼の一定の衰退と時を同じくして、悲劇はそれが舞台上で再現するところの神話を、部分的に「脱構築」する。フロイトやレヴィ＝ストロースに続いて、ジラールもまた、自説を分かりやすく説明するべく、ソフォクレスの『オイディプス王』を例として選ぶ。彼の読解はきわめて偶像破壊的であり、そこから生じる考えを、読み手である彼自身が「奇妙でほとんど幻想的」と形容するほどである。神話が物語るのは、一人の殺人者を匿ったかどで、神々が都市国家テーバイに、ペストを神罰として下すということである。王の捜査は、彼自身がこの人殺しであったと、尊属殺人者にして近親相姦者である人殺しであったという発見へと、彼を至らしめる。彼はみずから両目を潰し、テーバイから追放される。フロイトの読み筋は、骨肉の争いを心理的無意識へと内在化させることによって神話に信憑性を与えることとしかしていない。エディプス・コンプレックスは母親をめぐる父親と息子の対抗心に基づくものであるが、この考え方は精神分析の隅石《コーナーストーン》である。ジラールの読み筋は悲劇に関わるものであり、中心人物たる三者、オイディプス、クレオン、テイレシアスの間で罪をなすりつけ合わせることにより、いかにしてソフォクレスが部分的に神話を解体しているかを、的確かつ分かりやすい仕方で示す。そして以下に記すのが、例の「奇妙な考え」、おそらくはこの悲劇詩人の心をもよぎった疑惑である。その疑惑とは、神話の結末でもあるオイディプスの有罪性は、「或る一派の、別の一派に対する偽装された勝利ではないか［……］」、最初は予言者テイレシアスや摂政クレオンにしか関係がなく、ついで全員に関わる／誰にも関わらない諸々の出来事のなかから、一つのバージョンが共同体によって採用され、これが神話それ自体の真実となったのではないか」[3]ということである。

もちろん、ソフォクレスの劇作品の第二部は、オイディプスにとって不利な証拠を積みあげる。神話的真理は聖別される。だがジラールは、非難糾弾の悲劇的応酬と、都市国家テーバイを荒廃させたペストについて王のオイディプスだけを罪に問うという神話的決定との間のコントラストを強調する。一方では左右対称性が、他方では差異が問題になっている。悲劇ではないかというインスピレーションに従い、彼はオイディプスを一人の犠牲者とみなそうとする。ただし、神々への捧げものではなく、人びとへの捧げものである。正確には、われわれが「スケープゴート」のメカニズムとして認識し告発するところの、或る人間的メカニズムの犠牲者である。読者を最も面食らわせるのは、悲劇作品のなかで上演される供犠の危機からの出口は、オイディプスという犠牲の上に開かれるものであって、それ自体、供犠的なものになるという仮説を、ジラールが「科学的なもの」として提示していることである。それは解釈ではなく、合理的説明だというのである。それゆえこの仮説を、悲劇芸術のそれよりもいっそう広範な一個の全体のうちに置き、「宗教的なものの謎」に関してその説明的潜勢力を検証しなければならない。

オイディプスに帰される諸々の犯罪は、「親族の基本構造」[4]を、それゆえ社会の基本構造を解体する行為である。都市国家を荒廃させるペストについては、これは尊属殺人や近親相姦と同じ事柄を、暴力的な無差別化を象徴している。だが、一方の側には一人の犯罪者が、他方には伝染病患者たちがいる。それでも供犠の危機という観念を、つまり諸々の模倣的対抗から成る暴力のスパイラルという考え方を保持するには、二つのテーマを融合させるだけで十分である。神話は危機からの脱出を物語る。神話はオイディプスただ一人へと全員の暴力を移すことを正当化する。オイディプスの追放が、共同体を襲った災禍から共同体が解き放たれることを可能にするのである。誰もが、フロイトですら疑ってもみなかったのは、オイディプスによる数々のおぞましい犯罪の背後に、全員の暴力をただ一人の者へと恣意的に移転するという、一つの供犠的操作があることである。実際、都市国家は災いから解放される。罪人の追放が都市国家に秩序と平和を取り戻させたのである。始祖殺しという出来事の神話的バージョンに、どうして疑いを差しはさみえようか。暴力とともに去る者は来るだけ無駄だったということを、どうして疑いえようか。神話的真理は端的に真理となった。その意義は古代人にとって宗教的であり、近代人にとって心理的である。

ジラールの方法は本質的に比較によるものである。彼の論証は、危機に瀕した共同体に平和をもたらす供犠的儀式の効力にのみならず、くわえて、またとりわけ、諸々の起源神話の構造的同一性にも基づいている。三つの契機が順番に生起する。

(一)諸々の模倣的対抗によって作りだされた暴力のスパイラル。
(二)ただ一人の犠牲者への集団的暴力の一極集中化。
(三)そのただなかで「スケープゴート」が多かれ少なかれ神格化されるところの一つの秩序の創設ないし回帰。

『コロノスのオイディプス』〔訳注：ソフォクレスのギリシア悲劇で『アンティゴネー』『オイディプス王』とともにテーバイ三部作とも言われる〕のなかで、この作品のもとになったギリシア神話の主人公《ヒーロー》〔訳注：オイディプス〕は、易者や賢者にも等しい者となっている。ペストを引き起こしたという点で不吉な存在であるが、そこから都市国家テーバイを解放したという意味では幸運をもたらす存在になったのである。庇護者であると同時に威嚇者であるという神々の両面価値性《アンビヴァレンス》も、ここで合理的な説明を見いだす。神々が人間たちのところへ姿を現わすことは、最初は不吉なものであった。だが、神々が姿を消すことあるいは神々が「神聖化されること」は、彼らに善き側面を授けることになった。聖なるものが俗なるものに対してそうであるべきように、人間たちから距離を保っている以上、神々は庇護者である。聖なるものとは、追放され神格化された（人間的な、あまりに人間的な）暴力なのだ。

ジラールがオイディプス神話を「脱構築することによって」発見するのは、推測するに、諸々の宗教文化が模倣的対抗の暴走によって生じた無秩序を乗り越えることを可能にするような、一つの構造化するメカニズムであるように思われる。そしてもし、穢れた存在の強制退去が、無秩序から秩序を生じさせることを共同体にとって可能にするなら、起源の問い、これはまさしく混沌《カオス》から立てられるのだが、この問いは、解決の途上にあるとも言える。供犠とは、一人の犠牲者が自発的に集団と置き換わることという仕方では説明できない、一つの社会制度である。儀礼の企ては秩序づけられ、調整されたものであり、贄としうる対象は、人間であれ動物であれ、注意深く選定される。生け贄のための仇討ちが可能であってはならないからである。ジラールが認めるには、最も暴力的な儀式さえ、秩序と平和へと方向づけられている。ゆえにこの儀礼は、それが或る奇跡的な出来事を反復しようとすればするほど、それだけいっそう細心綿密なものとなるのだが、この儀礼には、一つの模範があったのでなければならない。そしてこの模範は何でありえようか、記憶不可能なほど太古の出来事ではあるが共同記憶された、現実の出来事、すなわち原初の殺人でないとしたら。ジラールが言うには、これは始祖殺しであり、互いに影響を与えあうはずもないきわめて多くの異なる文化圏できわめて多くの神話によって物語られている。供犠の犠牲者が集団と置き換えられるのではなく、原初の犠牲者が身代わりの犠牲者に取って代わるのである。もちろんこれは一つの仮説にすぎない。普遍的なものとしての贄の原理は隠されたままである[5]。だがその光に照らして、この上なく複雑な諸々の儀式を、この上なく判読しがたい諸々の神話を、そしてこの上なく奇妙な諸々の禁忌を解読することにより、ジラールはこの仮説に学的身分を授けようとするのである。

Ⅳ　誤認

「進歩」の一要因とみなすことによって、近代社会は模倣的対抗を促進してきた。逆に古代宗教の方は、模倣的対抗を防ぐことへの強迫観念めいた気遣いを顕わにしており、まさにそれが、民族学的文学に対してジラールが強い好奇心を示してきた理由である。近親相姦の禁止には、その普遍性ゆえに他のすべての禁忌に対する一種の優位性が与えられているのだが、この禁忌の目的は、最もこの対抗の引き金となりやすい近親者の女性たちへの接近を阻止することである。生誕時に露見し双子にのしかかる諸々の禁忌、あるいは自分の姿を映すものへの恐れは、模倣的なものへの不安と明白な関係を有している。ジラールにとって、模倣説はあらゆる宗教上の禁忌に共通分母を供給するものである。近代人と異なり、古代人は模倣的なものと暴力的なものとを結びつけて考える。彼らはそれゆえ、あらゆる種類の行動や専有に禁忌でもって打撃を与えることにより、模倣的対抗を妨げるよう力を尽くす。ジラールが強調するには、暴力とはおそらく、攻撃性や「粗暴な性質」について語る時にわれわれがそれに割り当てるようなあの特殊性ではない。或る行いを他の行いから切り離して犯罪のなかで見えるようにし、暴力的なものを個別に判別することを可能にするのは、現代の司法システムである。そうしたシステムが不在なら、暴力は、復讐という形で際限なく猛威を振るう。復讐とは同じことの模倣であり反復である。復讐の連鎖は、ジラールが模倣《ミメーシス》として考えていることの完璧な具現であり、ラ・フォンテーヌが寓話詩のなかで描くペストのように、あらゆる社会集団を腐敗させる。「彼らはみな死にかけていなかったが、みなが〔死の恐怖に〕襲われていた」(6)。だからこそ復讐は厳格に禁じられているのだ。同時に、殺害が公に禁止されている以上、それは復讐を切実に必要とする。未開社会において、復讐は悪循環であり、かくして治療的な司法システムがないので、未開社会は儀式や禁忌で以って、暴力に対する予防的なシステムの恩恵に浴するのである。

宗教的社会は実用主義的である。暴力が模倣的なものであり、ほんの少し目算を誤っただけで壊滅的な結果に繋がりかねない以上、慎重であるに越したことはない。自分の身を守るため、ひとは暴力に対するに暴力を以ってすることを回避する。報復の原因となった張本人を追放することによって足跡をかき消す、不吉な子どもたちを晒し者にする、穢れた存在に断崖から身を投げるよう強いるなどがその例である。ひとはあらゆる形態の汚染を避ける。聖なるものとは、人間を支配するすべてのものであるから、自然災害ももちろんそれに該当するが、火事、洪水、ペストなどの天災の背後にたいてい隠れている模倣的対抗の暴力もまた、聖なるものである。あらゆる儀礼は、たとえば通過儀礼や何より供犠がそうだが、個人または共同体を浄化することを目的とする。暴力のいかなる胚珠も伝染性がある。宗教的思考は二元的ロジックから逃れる或る直観を証言する。その直観とは、病と薬との同一性である。暴力とは恐怖をかき立てると同時に奇跡を起こすものである。毒と薬を同時に意味するギリシア語のファルマコン（*pharmakon*）が示すように、暴力は破壊し、暴力は再生させる。善き暴力を悪しき暴力から区別する上で、宗教的社会は或る原初的な行いの反復以外の「知」をもたなかった。その「知」とは、一人の犠牲者を共同体の身代わりにせねばならないということである。しかも、供犠の執行が暴力を誤魔化すことに成功するよう〔かつて神格化された原初の犠牲者と〕十分似ていて、供犠の執行が復讐の対象にならないよう〔かつて惨殺された原初の犠牲者と〕十分似ていない犠牲者を。ジラールの仮説では、すでに述べたように、供犠を二重の置き換えという角度から解釈する。身代わりの犠牲者のみが、この犠牲者に私的制裁《リンチ》を加える群衆と自発的に置き換えられたからである。儀礼が子細にわたって始祖殺しという行いを反復しようと努めるということは、供犠の犠牲者は、実際は〔共同体構成員たちの間に蓄積した暴力のガス抜きをすべく、不満の捌け口として構成員たちのなかから恣意的に選びだされた、しかも原初の犠牲者が儀礼を通じてそれに取って代わるところの〕身代わりの犠牲者と置き換えられているのである。

それゆえオイディプスも身代わりの犠牲者も、われわれの言葉で言えば、「スケープゴート」である。われわれは、スケープゴートのメカニズムを認識し実践している。だがわれわれは、二つのものを同時に選択することはできない。「反ドレフュス派」はこのメカニズムを実行した。「ドレフュス派」はこのメカニズムを糾弾した〔訳注：ドレフュス派か反ドレフュス派かで国論が二分されたドレフュス事件は、第三共和政下のフランスで起こった、反ユダヤ主義に由来する陰謀事件。一八九四年、共和主義者のユダヤ系士官ドレフュスがドイツのスパイという嫌疑をかけられ、無罪を主張するも有罪判決を受ける。反ユダヤ主義が浸透した王党派の陰謀であることがのちに判明し、共和派対反共和派の政治抗争となった。一八九九年の再審で再び有罪宣告されるが特赦され、一九〇六年、ドレフュスは無罪となった〕。オイディプス神話や神話一般は、迫害者の視点で模倣の危機からの出口を物語る。ドレフュス事件をめぐって分断されるのではなく、フランス社会がもしも満場一致で反ドレフュス派であったとしたら、その場合は、神話的真理〔訳注：情報漏洩の疑いをかけられたドレフュス

ネパール語の入門

野津治仁

ヒマラヤ山脈の麓、ネパールの公用語。文字の読み書きから、会話・文法まで速習。『CD エクスプレス ネパール語』の改題新装版。

《音声ダウンロード》 （2 月中旬刊） A5判■3520円

文字の読み書きをしっかり学ぶ タイ語の目 ［増補新版］

山田 均

ちょっと複雑なタイ語の文字。わかりやすい解説でルールをしっかり身につけよう。タイ語の言いまわしに慣れる「タイ語の口」を増補。

（2 月下旬刊） A5判■2640円

書いて覚えるヒンディー語の文字 ［改訂新版］

町田和彦 川路さつき協力

インドの公用語ヒンディー語をはじめ、ネパール語などでも用いられるデーヴァナーガリー文字の入門。文字がわかれば、世界が広がる。

《音声ダウンロード》 A5判■2640円

くわしく知りたいベトナム語文法 ［改訂版］

田原洋樹

学習者が間違いやすい点を挙げながら、ベトナム語の骨組みや考え方、自然な表現についてじっくりと解説していく文法書の最新版。

《音声ダウンロード》 A5判■3300円

外国語の遊園地

黒田龍之助

はじめて手にする海外製品はときになぜかなつかしい。旧ソ連や東欧で出合ったさまざまな物をとおして、外国語の魅力を語る「物語」。

四六判■2420円

フランス語・フランス語圏文化をお伝えする唯一の総合月刊誌

ふらんす

3月号（2／23頃刊） ■760円

特集◆フランス語と働こう

観光、翻訳などを筆頭に、フランス語を生かせる仕事があります。フランス語の力を発揮して働きたいと考える人のためのキャリアパスを特集。就職のためのノウハウに加えて、実際に働く人へのインタビューから、業務の実際や魅力をお届けします。

市民的抵抗

非暴力が社会を変える

エリカ・チェノウェス 小林綾子訳

3.5％が動けば社会は変わる！ 暴力より非暴力の方が革命は成功する！ 世界中で話題をさらったハーバード大教授による現代革命論。

四六判■3080円

ドイツ史 1866-1918 （上・下）

労働世界と市民精神

トーマス・ニッパーダイ 大内宏一訳

帝国の成立を挟んで第一次世界大戦に至るまで、社会・経済・宗教・教育・学問など、広い意味での精神文化に関する状態史・構造史。

A5判■㊤8800円㊦9350円

クレムリンの魔術師

ジュリアーノ・ダ・エンポリ 林 昌宏訳

ウクライナ戦争はなぜ起きた？ プーチンの「演出家」の告白をもとに、ロシアの権力の歴史をリアルに描く政治小説。バルザック賞受賞。

四六判■3190円

エクス・リブリス

グリーン・ロード

アン・エンライト 伊達 淳訳

世界各地に暮らす四人の子供たちのもとに母からクリスマスカードが届く。ブッカー賞作家による 2016 年度アイルランド文学賞受賞作。

四六判■3740円

テント日記／「縫うこと、着ること、語ること。」日記

長島有里枝

二人の母と共働した二つの作品――実母とともにテントを制作した日記と、パートナーの母とともにタープを制作した日記。写真 21 点収録。

四六判■2530円

トマス・ペイン
—『コモン・センス』と革命家の生涯

ハーロー・ジャイルズ・アンガー［森本奈理訳］

18世紀最大のベストセラー作家が、英米仏の宗教や政治といかに闘争したか？　理性を信奉した「祖国なき革命家」の波乱万丈の人生。

四六判■5280円

文庫クセジュ1056

ポピュリズムに揺れる欧州政党政治

パスカル・ペリノー［中村雅治訳］

19世紀後半のロシアやアメリカを起源とし、この数十年で多元的な様相を帯びたポピュリズム現象を、豊富な事例とともに総括する。

新書判■1320円

真理の語り手
—アーレントとウクライナ戦争

重田園江

危機の思想家、アーレントがリアルに受け止められる時代に……ウクライナからみた戦争、権威主義では括れない全体主義の全貌を描く。

四六判■2860円

インド外交の流儀
—先行き不透明な世界に向けた戦略

S・ジャイシャンカル［笠井亮平訳］

インド外交の役割から今後の展開に至るまで、現役の外相がその「手の内」を明かし、米中日を中心に変貌著しい国際関係の見取図を示す。

四六判■3630円

女子サッカー140年史
—闘いはピッチとその外にもあり

スザンヌ・ラック［実川元子訳］

英欧米を中心に、女性解放と権利獲得に重ね、プロ化から地位向上への歴史を気鋭のサッカー記者が叙述。「日本女子サッカー小史」収録。

四六判■3190円

ツダマンの世界

松尾スズキ

笑いのしたたる、狂気のメロドラマ！　幽玄微妙な小説家、津田万治の数奇な運命。愛欲と戦争に巻きこまれた人々に捧げる「鎮魂歌」。

四六判■2420円

好評既刊

エクス・リブリス

遠きにありて、ウルは遅れるだろう

ペ・スア［斎藤真理子訳］

「韓国文学史で前例なき異端の作家」と評価される著者の待望の邦訳書。存在を規定する記憶をすべて失い、〈ウル〉と名づけられた女性を巡る物語。

四六判■2200円

エクス・リブリス・クラシックス

無条件降伏
誉れの剣Ⅲ

イーヴリン・ウォー［小山太一訳］

クレタ島脱出から二年、ガイは開戦時に抱いた大義を見失いつつあった。自身の戦争体験をもとに書き上げた《誉れの剣》三部作完結篇。

四六判■4620円

白水Uブックス247／海外小説の誘惑

サミュエル・ジョンソンが怒っている

リディア・デイヴィス［岸本佐知子訳］

『分解する』『ほとんど記憶のない女』につづく、三作目の短編集。鋭敏な知性と感覚によって彫琢された珠玉の56編。

（2月下旬刊）新書判■1980円

白水Uブックス246／海外小説の誘惑

分解する

リディア・デイヴィス［岸本佐知子訳］

「アメリカ文学の小さな巨人」のデビュー短編集、待望の復刊。言葉と自在に戯れる作風はすでに顕在。長さもスタイルも多様な短編34作を収録。

新書判■1870円

白水Uブックス245／海外小説の誘惑

話の終わり

リディア・デイヴィス［岸本佐知子訳］

「アメリカ文学の静かな巨人」デイヴィスの、代表作との呼び声高い長篇。かつての恋愛の記憶を綴る〈私〉の思考を硬質な筆致で描き出す。

新書判■1980円

白水Uブックス244／海外小説の誘惑

スペインの家
三つの物語

J・M・クッツェー［くぼたのぞみ訳］

幼い頃から馴染んだ土地への〝失われない〟愛と惜別の思いが滲む短篇と、本邦初訳のノーベル文学賞受賞記念講演「彼とその従者」を収録！

新書判■1650円

の有罪〕の方が歴史的真理〔訳注：ドレフュスの無罪〕に代わって幅を利かせていただろう。供犠のメカニズムの実効性は、実際、参加者たちの満場一致を必要とする。なぜならそれは、ある種の誤認を必要とするからである。供犠のメカニズムに参与する者たちの満場一致は、犠牲者の有罪性を疑うことを許さない。誤認が成立するためのこうした必要条件について、しばし立ちどまって考えてみよう。社会的メカニズムは、当人たちがその法則を知悉していようといまいと、社会の構成員に影響を及ぼす。スケープゴートのメカニズムは例外である。このメカニズムは、それが暴きだされるやいなや、機能するのを止める。私的制裁《リンチ》を行なう者たちは、その犠牲者が有罪であると信じていなければならない。〔オイディプスのような〕罪人が見つからない限り、ペストが猛威を振るい続ける。だからこそ、このメカニズムを見て取り告発できるのは、集団の外側からのみなのだ。もし「スケープゴート」が、「他者たちにとっては〔濡れ衣を着せて罪人に仕立てあげるだけの〕効果がある無実の人」を意味するのなら、自分以外の他者たちのスケープゴートしかけっして見えはしないだろう。

ジラールにとって、このメカニズムは無意識的なものであるが、フロイトがこの無意識という概念に与えるような意味においてではない。生物学的メカニズムがそうであるように、スケープゴートのメカニズムもまた無意識的ではあるものの、自然界の出来事と同列に扱うことができない。なぜならそれは殺害行為だからである。最初にそれが起こった時、私的制裁《リンチ》に参加する者たちを「身代わりの犠牲者」の周りに集わせ、和解させることになったので、人びとは驚愕し、感謝するあまり、儀礼によってこの殺害行為をできる限り正確に再現するよう努めた。重要なので強調しておきたいのだが、誤認とは無知ではない。暴力のエスカレーションにおける模倣の役割は、模倣を無害と信じる現代のわれわれの社会のような社会よりも、暴力のエスカレーションから身を守るためには何でもするような社会によって、よりよく知られている。暴力は諸々の差異の消失、階級《ディグリー》の危機と同一視されている。宗教制度に固有の誤認はそれゆえ或る知に基づいているのだが、これは自覚のない知、ひとがその射程を把握していないだけいっそう、ひとがそれに翻弄されているだけいっそう、効果のある知である。供犠的儀式は、強迫的とも言えるほど細心綿密に作りこまれている。なぜなら、儀式を執りおこなう者たちが、その原因が不明で、そして不明のままとなるさだめにある一つの効果をそこに期待しているからである。宗教的思考は神秘に包まれている。宗教的思考を生みだすものの誤認は偶然的なものでなく、この思考にとって本質的である。

V　神々の起源

誤認は贄のメカニズムの一部を成しており、それゆえ誤認もまた「創設機能をもつ」ものである。ジラールは、このメカニズムが学問的に解明され認知されない限り、「人間」について蓄積されてきたあらゆる知は、誤解に満ちたままになると考える。フロイト自身、始祖殺しといった彼の天才的な直観にもかかわらず、オイディプスに責任があるとされた諸々の犯罪によって一杯食わされ、これらの犯罪を人間の心性における普遍的なものとするに至ったのである。そしてレヴィ＝ストロースは、起源の問題を形式的な手法以外のやり方で立てることを拒み、「〔聖母ならぬ〕文化の無原罪の御やどり」という神話を作りあげた。暴力的起源というジラールの仮説は、われわれがすでに見たように、模倣論と、地球上のいたるところで——そこでは発達した大脳をもつ人間に近い生物集団が、集団間の模倣的対抗によって生じた極度の無秩序を乗り越えねばならなかったのだが——生起し、そして再び生起した或る出来事の、諸々の痕跡に立脚している。ジラールは、無秩序が克服されるその展開過程を「観察する」ため、オイディプス王の神話や大多数の神話によって提案されるシナリオを採用する。そのシナリオとは、相互的暴力の混沌《カオス》、ただ一人の者を強制退去させることに伴う差異と意味の闖入《ちんにゅう》[7]、そして一つの共同体の創設ないし再創設である。

　秩序が生まれる、あるいは再び生まれることが可能であるためには、まず無秩序がその頂点に達するのでなければならない。模倣的対抗が激化すると、争われている当の対象は賭け金であることをやめ、我有化の模倣は敵対化の模倣へと変容する。そして敵対者《ライバル》たちは互いの「分身」と化すのである。危機の絶頂にあっては、「彼らのうちの誰もが、いかなる時であれ、自分以外のあらゆる他者の分身となりうる。つまり、普遍的な魅惑や憎悪の対象となりうる。〔……〕各人の各人に対する疑惑が、全員のただ一人に対する〔罪ありという〕確信になるためには、ほとんど何も必要でない。〔……〕もっとも馬鹿げた徴候、最も取るに足らない憶測が、眩暈のするような速さで次から次へと伝播し、ほとんど瞬時に、反駁しがたい証拠へと変わる。〔……〕全員の確固たる信念は、彼ら自身の精神錯乱による抗いがたい満場一致以外、何の検証も要さないのである」[8]。そこには私的制裁《リンチ》の、すなわち或る迅速な「正義」のシナリオが認められる。満場一致は抗しがたいほど魅力的だ。無差別化がその頂点に達する時、もはや〔仲間内で殺し合う殺人者としての〕「分身」たちしかいなくなるその時こそ、「万人の万人に対する〔闘争〕」は「万人の一者に対する〔私刑〕」へと豹変する。相互的暴力は、ただ一人の者に対する満場一致の暴力となるのだ。以上の仮説は実際には起こらなかったのかもしれないし、おそらく「杞憂」でしかない事柄もあっただろう。だが、偶然によってまた必然によって、人類は存続している。偶然が犠牲者を選ぶものの、模倣《ミメーシス》が相互的暴力を迫害的な満場一致へと変容させるメカニズムは必然性に属する。回顧的な仕方でしかそれとして現われない或る必然性に。これはいわば「社会的なものの自己制定」である。

　最初の葬礼的記念碑は神のそれであった。神とは、その到来とともに暴力をもち込みその退出とともに暴力をもち去った超自然的存在者、聖なるものに属する存在者である。「ただ一人の犠牲者に対して牙を剝くことによる突然の解決が奇跡的な解放という効果を生じさせるには十分に長く残虐であった、模倣の危機」[9]を思い描いてみなければならない。共同体は、不吉な存在の出立によって暴力から解放されると、見いだされた平和という恩恵を、この不吉な存在がもたらしたものとほどなくして考え、これを吉凶両面を兼ねそなえる神として認め、二つの命法によりこの神に導かれるがまま祭祀を捧げる。二つの命法とは以下のものである。

(一)いっさいの模倣を、対抗の引き金となる客体へのいっさいの所有欲を、避けるべし。

(二)奇跡的な出来事を反復すべし。原初の経験における犠牲者とできるだけ似通った犠牲者を贄として屠るべし。

そこには、禁忌や儀礼、そしてそれのみが禁忌や儀礼の効力を確かなものとしうる、羃《べき》を高めた誤認が現に存在することの合理的説明がある。神話について言えば、構造主義が見て取ったように、神話とはたしかに、無差別性から差異についての思考への移行の物語である。だがそれは、「連続量から(いっさいの意味の母胎である)離散量への移行」という形式的な問題を解決するためのものでない。神話が物語るのは私的制裁《リンチ》である。神話はわれわれに、文化と思考の構造についてのみならず、文化と思考の発生についても教えるのだ。

VI　文化の発生

人類学者としてのジラールの天才性は、神々の起源の問いと人類の起源の問いを結びつけたことである。身代わりの犠牲者によって具現されるこの最初の差異とともに、そしてこの差異の意味は少しずつ明瞭になってくるのだが、ヒト化が進行する。犠牲者へと釘づけになることで、共同体の注意は本能的欲求を超え、或る新種の客体へと向かう。共同体の危機とその解決によって引き起こされたさまざまな情動に明確な形を与える一つの客体へと。きわめて長い時間をかけて現われうる唯一の意義とは、聖なるものの意義、生死に関する全能を犠牲者に付与するような意義である。いかなる意義も始祖殺しに先行するものではない。すべてがそこから生じてくる。「共同体から立ち去るように見える限りでの犠牲者のおかげで、そして共同体がそこから生まれ出づるように見える限りでの犠牲者のおかげで、初めて、外と内、前と後、共同体と聖なるものというような何かが存在しうるのである」。神格化された犠牲者は、「死をもたらす生であると同時に生を確かなものにする死」として立ち現われる。「神格化された犠牲者とともにその下絵を描かれることのない意義などないし、同時にこの犠牲者によって超えられるように見えない意義もない[10]」。原始人たちは、身代わりの犠牲者という「記号」を再現するなかで、彼らが直面する危機への解決策を探しもとめ見つけだしていく。原始人たちは、聖なるものを語る言葉を使うことによって、他の犠牲者たちを原初の犠牲者の代用品とすることによって、だがそれをめぐって相争うリスクがある対象をわがものとすることを断念することによっても、ヒト化していく。このように、近親相姦の禁止は、ジラールにとって、自然と文化との間に境界線を引くためにあるのではなく、最も争奪戦の引き金となりやすい近親女性者たちを断固として禁じることによって、ひたすら性的な対抗を妨げるためにあるのである。規則（秩序）に優位性を与えるレヴィ＝ストロースと異なり、ジラールは禁忌を最優先事項とする。混沌《カオス》のうちに再び身を投じることを避けねばならないからである。彼の学説は、あらゆる宗教制度は創設する暴力のうちに一つの共通の起源をもっており、しかもこの起源は創設する暴力によって祓われるさだめにあると主張することにある。彼は諸々の謎を解くことにより、合理的な仕方で諸々の「奇妙な」振る舞いを解明することにより、それを証明しようと力を尽くす。

かくして、死者たちを祀る儀礼のうちに存している人間特有の行動に光が当てられる。その特殊性は、死のなかに生の途絶を、死骸のなかに残骸を見るのを拒むことにある。死に対するわれわれの自然主義的な考え方は、人類の歴史から見ればごく最近のものである。文化というものが宗教的であるのは、それゆえ死を抑圧するためではない。始祖殺しというわれわれのシナリオに立ち戻ってみよう。死を身代わりの犠牲者の死骸という形で発見することによって、共同体は同時に、平和への、生への回帰を発見する。それゆえ死が聖なるものとして、すなわち生の、そして和解の潜勢力として意味をもつのは、贄のプロセスを起点としてである。文化が錬成されるのはつねに墓所としてであるとジラールは言う。美化され、神聖化され、隠蔽された死の上に、いっさいが建立される。なぜなら、身代わりの犠牲者の死は、生に対する途方もない破壊力だからである。

きわめて奇妙な儀礼は、神聖王が統べるアフリカの諸王国のそれであり、王の即位時に執りおこなわれる。民族学者たちがとくに衝撃を受けたのは、「王による近親相姦」、時効の制約を受けないほど重い禁忌のなかでも最高度に重い禁忌の侵犯である。だが、ジラールは次のように強調する。血なまぐさく狂気じみた雰囲気のなか、王が侵犯するよう呼びかけられているのはあらゆる禁忌であると。儀礼的に演じられる諸々の対決が、現実的なあるいは象徴的な王の供犠に先行する。このシナリオはオイディプス神話のそれとかなり似通っている。極悪非道の行いの数々は供犠を正当化しているように見えるが、実は供犠のほうが、諸々の極悪非道の行いを正当化しているのである。王政とはまずもって供犠的なものである。ありとあらゆる不浄を、最も忌まわしき諸々の行いをその身に引き受けながら、王は身代わりの犠牲者の役割を演じ、共同体を救うことになる。王政という制度そのものが、儀礼によって生みだされたのである。ジラールが言うには、今まさに生け贄にされようとしている犠牲者は、共同体への現実的な影響力を時の経つにつれ確かなものとするため、この犠牲者が人びとに植えつける聖なる恐怖を有利に使わなければならないし、それで十分である。供犠がつねに一つの代替行為である以上、まず代用品が、つまり王という「狂人」が、ついで代用品の代用品が、犠牲に供されるだろう。そして徐々に、供犠はその実態が見えなくなるほど周縁に追いやられるだろう、歴史上の王政においてそうであったように。とはいえ、「神権政治」という形ではなお残存しており、王妃マリー・アントワネットが革命の断頭台で犠牲に供される前、近親相姦のかどで告発されたことが思い起こされる。

模倣説は、あらゆる人間的制度を供犠という儀礼へと遡行させることを提案する。贄のメカニズムこそが創設者なのだ。このように、祭り、通過儀礼、政治権力、司法システム等々は、起源をめぐる諸々の儀礼的な記念祭やこれらが暴力と聖なるものの働きを解釈する多様な仕方から生じてきたのだろう。たとえば、動物の家畜化は、経済的動機によっては説明できない。人間たちにとって、野生動物を身近で飼いならすことの悦ばしい影響は予見できていなかった。唯一の説得的動機は供犠である。その自然本性ゆえに人間に対して一線を引くと同時に、共同生活によって人間と近しくなる、そういう家畜動物は、供犠的儀式に際して、身代わりの犠牲者の、そして共同体の、代替物となるのに必要な諸条件を結びあわせることができた。経済的関心は、政治的権力と同じく、宗教上の行いから生じさせられたにすぎない。

とはいえ、文化の宗教的起源をめぐるこの統一理論に異論を差しはさむこともできる。これらの行いは統一的な様相を呈しているわけではなく、或る文化と別の文化とでは互いに矛盾してさえおり、或る文化が強く禁止していることを、別の文化では責務としている場合もある。なぜ、禁忌が侵犯されることちらの「祭り」と比べて、あちらの反‐祭りでは普段以上に禁欲的なのか。なぜ、王である人物に関して、近親相姦が或る儀式においては命じられ、別の儀式においては絶対的に禁じられているのか。最初の代替行為へと、つまり身代わりの犠牲者を集団と置き換える振る舞いへと立ち戻らねばならない。最初に危機の責任が、ついでその解決の功績が、身代わりの犠牲者へと帰される。宗教的思考が孕む諸々の矛盾は、その意味をこの二重の転移から受け取る。不吉な聖なるものに強調点が置かれ、たとえば生け贄にされた犠牲者を実際に屠る作業が、不浄さとそれによる汚染に対して武装した聖職者たちへと割りあてられることになるか、あるいは逆に、神的なものの出立によって作動する吉《よ》きものへの変貌が記憶され、儀式への全員参加が要求されることになるか、そのどちらかである。近親相姦が意味するのは諸々の差異の危機である。ゆえにそれは、周りから強制されるものであれ、彼ならやりかねないという固定観念に基づくものであれ、神聖王と結びつけられる。儀礼的思考は危機を未然に防ごうとしており、病の発作と混然一体になった治癒の再現を、あるいは暴力が回帰することへの恐怖の表明を、求めることがありうる。おそらく儀礼的思考は、善と悪とが同一の実在に属するようせき立てるが、他方で秩序と差異を再建しなければならない。それゆえ儀礼的思考は、原初の模範がもつ吉凶両面のうち、時と場合に応じてどちらか一方を選ぶことになる。差異化の精神は、ジラールが言うには、民族学的思考と同じくらい宗教的思考を支配している。かくして、「宗教的なものを〈解消しがたい矛盾〉とするいっさいの自覚は、必ず起源の喪失と結びついているし、逆もまた真なりである[11]」。こうした起源の喪失は、あらゆる文化の差異化する企投のうちに書きこまれている。だが、儀礼的思考とその娘である悲劇的思考は、模倣の危機に関わる何かを透過させる。なぜなら、この危機を再演する際、儀式は模倣の危機を、神話が原初の暴力を隠蔽するほどには隠蔽しないからである。儀式は「構造主義の階級から締めだされている」が、それは間違っている。「秩序と無秩序について、出来の悪い生徒ほど教師よりずっと多くのことを知っている[12]」のだから。

VII　神話とテクスト

ヴァレリーがテスト氏〔訳注：ポール・ヴァレリーが残した唯一の小説『テスト氏』（一八九六年）に登場する、ヴァレリーの分身とも言うべき人物〕に対して行なう非難、すなわち思考の形式を、この形式が把握することを可能にする現実よりも好んでいるという非難を、ジラールはレヴィ＝ストロースへと向ける。レヴィ＝ストロースは深遠にも、思考の誕生は神話のなかで賭けられていると看破した。だが、彼が間違っていたのは、いたるところで反復されている私的制裁《リンチ》というテーマのうちにメタファーしか見なかったこと、犠牲者たちを「一部の事例」扱いしたこと、彼らの「徹底した排除」のうちに、実際に死へと至らしめることとしての処刑ではなく、連続性から非連続性への移行、つまり無差別性〔秩序の不在〕から差別性〔秩序〕への移行を可能にする論理的操作しか見ていないことである。ジラールは、その神話的表象のみを理由として私的制裁《リンチ》が実際に起こったと信じるような素朴さをもつことをみずからに禁じる。彼の方法は比較によるものである。一方で、この表象は地球上の大多数の神話のなかに存在するものである。他方で、神話的表象はつねに、邪眼や近親相姦などの、犠牲者に対するステレオタイプな「神話的」糾弾と二重写しになっている。犠牲者の異形性を前面に押しだすこうした糾弾の、実際にはありそうもない感じが、犠牲者への私的制裁《リンチ》は現実に起こったと信じる気にさせるのである。シナリオは、数多の神話のうちに突きとめることができる一つの構造を提示する。すべては伝染性の暴力による危機から始まり、たいていの場合、外部から来た何者か、あるいは「怪物」にこの危機の責任があるとみなされ、彼の出立が差異を再建し、救いをもたらす。危機とその解決という、犠牲者に対する二重の〔訳注：正と負の感情という意味での〕感情転移を通じて和解した私刑《リンチ》執行人たちのパースペクティヴのみが、犠牲者が神格化されることを説明できる。「もしそれを出現させるための私的制裁《リンチ》がなかったとしたら、私刑《リンチ》執行人たちのこうしたパースペクティヴはいかにして存在しえようか(13)」。

神話のうちにある贅のメカニズムを想起させるためのテクストの主要な論拠は、やはり諸々のテクストの比較に由来することになる。テクストというカテゴリー、今回は中世にまで遡る「歴史的」テクストというカテゴリーがあるが、これらのテクストは、たとえば、十四世紀の黒死病流行期におけるユダヤ人虐殺などの迫害事件を物語るものである(14)。ところで、われわれはこうしたユダヤ人殺戮が実際に起こったことをまったく疑わないし、ユダヤ人殺戮を正当化する諸々の告発が嘘にまみれていることにもいかなる疑いを差しはさまない。こうした迫害のテクストは、ユダヤ人らがあちこちの川に毒を流したのだろうなどと、「汚染する」犠牲者たちへ「危機」の責任を押しつける。構図は神話と同じで、迫害のテクストもまた、犠牲者たちの有罪性を固く信じる迫害者たちの見地から書き記されたのだ。しかしながら、われわれ現代人はもはやユダヤ人たちの有罪性を信じていないし、スケープゴートのメカニズムがはたらいていることを見抜いている。二つの問いが立てられる。なぜわれわれは、迫害のテクストを「嘘」という通俗的な意味での「神話」として読むのか。それなのになぜわれわれは、ギリシア神話や、民族学者たちが目録化したあらゆる神話を、迫害のテクストとして読まないのか。

後述するように、これらの問いに明確な回答をもたらすには、ジラールがみずからの思想と研究とを新たに方向づける必要があるだろうが、これら二つの問いを立てるだけで、学問上の、そして方法論上の少なからぬ数の禁忌《タブー》を揺るがすには十分である。まず、学問分野の専門化と細分化に関する禁忌《タブー》について。プルーストはフロイト以上に、こうした専門化や区画化へのわれわれの欲望や神経症的な傾向についてわれわれに教えてくれる。同様に、ソフォクレスやエウリピデスも、⒂その悲劇作品のなかで、神話によって部分的に、そして神話の構造分析によって全面的にごまかされている、模倣的対抗がもたらす極度の暴力と模倣的対抗の解消のために用いられる極度の暴力へとわれわれを直面させる。次に、起源の問いの断念に関する禁忌《タブー》について。ひとは一方の極をなす神話学と宗教を、他方の極をなす歴史学と科学から完全に切り離す。ところが、迫害のテクスト、これは史実に関するものであるが、起源神話と同じ構造を持っており、両者の内容はほぼ同じである。そこには文化的に不変のもの、スケープゴートのメカニズムが発見できるだろうし、このメカニズムは神話的思考にその真の居場所を知の領域で与えることになるだろう。構造主義が発見したように、もし神話に諸々の差異や意味の発生についてわれわれへ教示すべき何かがあるとしたら、聖なるものの実際の発生について、すなわち人類の起源についても、おそらくわれわれに語るべき何かがあるであろう。

宗教的なものに対する人間の徹底した依存を認めること、それがデュルケムの直観であったが、これは、人間中心主義的にして科学至上主義的な禁忌《タブー》を犯すことである。神話が諸々の差異の把握を可能にするのに対し、儀式はこの差異をひたすらかき消すのだが、儀式と神話のそうした構造主義的対立は、ジラールにとって、両者の目的の同一性の背後に消え去ってしまう。これは諸々の禁忌や神話的思考全体の目的でもあるが、その目的とは、暴力を共同体の外部に留めておくことである。宗教はたんに人間の集団を保護してきただけではない。みずからの暴力を追放することによって、つまりみずからの暴力を神々へと帰することによって、この暴力を神聖化することによって、この暴力を人間にとって異質なものにすることによって、人間という種が確立されたのである⑯。偶然が大きな役割を果たす贄のメカニズムがなかったら、過度に模倣的な原始人たちはわれわれの祖先となっていなかっただろうし、種そのものが消滅していただろう。起源の模倣と想起がなかったら、儀式、神話そして禁忌がなかったら、文化も存在していないだろう。神話学の秘密とは、私刑《リンチ》執行人たちの視点から、創設行為としての私刑《リンチ》を表象していることであり、この秘密は、古代宗教が盲目的にそれを信用しているだけにいっそう堅牢に秘めかくされている。それに対し、近代批評は、創設行為としての私刑《リンチ》の諸表象にいっさいの「指示対象」をあてがうことを、すなわちそれらと実在するものとのいっさいの関わりを想定することを禁ずる。こうした反-指示的な教義《ドグマ》は、それにもかかわらず、迫害のテクストには適用されない。「私が提案しているのは、要するに、迫害のテクストだけに認められている解釈の型を、神話学へと拡張することである」[17]。

Ⅷ　近代の謎

スケープゴートのメカニズムは、理論上の大発見であると同時に……共通の場所でもある。一方で、それは途方もない科学的進展である。この仮説は、「偉大なる人類学」の諸直観、すなわちダーウィンが生命科学において成し遂げた偉業にも等しからんとする野望を人文科学において抱いた、デュルケムからフロイトまでの「偉大なる人類学」の諸直観を体系化し、互いに関連づけることを可能にするのだから。他方でそれは、集団的および個人的経験の所与である。「スケープゴート」とは、まずもってユダヤ教の儀礼の一つである（『レビ記』十六巻）。だがジラールはこの表現を、「黒い獣」〔訳注：嫌忌されるもの〕という通俗的な意味で用いる。それは、われわれに襲いかかる災禍の責任を押しつけられた個人〔訳注：たとえばオイディプス王のような〕ないし団体〔訳注：たとえばユダヤ民族のような〕である。スケープゴートへの集団的敵意を帯びたこのリアクションは、自然発生的な無意識的模倣という性質のものである。とはいえ、これまで見たように、このスケープゴートのメカニズムは誤認においてでなければ、すなわちスケープゴートとされた者への思い違いに関して各自が他の人たちを模倣しようとする無意識状態においてでなければ機能しない。自分が私刑《リンチ》執行人であると認識するためには、自分を外から見ることができるのでなければなるまい。私刑《リンチ》執行人とは、つねに自分以外の他者なのだ。

　われわれが生きている時代の特性、それがこの時代の異質さをなしているのだが、人類学者としての眼差しをそこへ注いでみるなら、その特性は、人類史上の最古の時代との連続性——そもそも「スケープゴート」はつねに複数存在する（党派心とは、たとえば、一個の集団としてのスケープゴートを指差す身振りのうちに存しているのではないか）——をもつと同時に、「近代」と呼ばれる、太古の時代との非連続性をもつことにある。近代世界とは、つねにより強度を増していく模倣の危機の連続である。だが、「贄を捧げることによる」その解決は不可能でないにしても、少なくとも非生産的なものとなったし、反生産的でさえある。この場合、薬は病を悪化させることにしかならないからだ。われわれは、犠牲者たちを憎悪することは依然としてできても、もはや熱烈に崇拝することはできない。それが、神話と迫害のテクストの間の真の差異である。迫害のテクストは創設機能をもたず、暴力をなるべく使わずにおき暴力から身を護る仕方よりも、暴力の爆発と密に関わるところの、集団的迫害を正当化する。現代の民族大虐殺《ジェノサイド》について言えば、それを事後的に正当化することは不可能なので、迫害者たちは、ひたすらその痕跡を抹消しようと試みることしかできないが、無駄である。

　無秩序の思想家、より正確には、無秩序からの秩序の発生について思索する者であるジラールは、自我と他者たち、善と悪、宗教と科学、古代と近代、民族学と歴史学等々、あらゆる二項対立に含まれる恣意的な部分を明るみに出す。あらゆる思考のメカニズムである、区別・排中・連言のメカニズムは、創設プロセスに根差している。宗教的思考を生みだしたのち、創設プロセスは科学的思考を生みだすことになる。「象徴的思考を育む神話は、幼虫の編んだ繭を連想させる。この避難所なしには、象徴的思考はその成長を遂げることはできないであろう[18]」。人間がスケープゴートのメカニズムに負っているのは、暴力という地平で身を護るのに有効な後ろ盾だけではない。人間を諸原因の探究へと、現実的なものの獲得へと導く推進力もまたそうである。儀式は創造的な潜勢力を持っている、とジラールは言う。なぜなら、儀礼は禁忌が妨げている混淆を許容するから、「実験観察する」からである。われわれ西洋人の文化は、だがこれはあらゆる文化の一貫して変わらない特徴なのだが、スケープゴートのメカニズムが担う創設者としての役割を誤認しているし、宗教的精神と、たとえば科学的精神との間に、断絶を導き入れる。学問の次元で、われわれ西洋人の文化は、民族学が構造の無時間性に特権を与え、歴史学は出来事の時間性に特権を与えるという理由で、民族学と歴史学を厳密に切り離す[19]。そういうわけで、良識の要求に反して、オイディプス神話は、或る把捉しがたい「無意識」を通してしか現実的なものと接点をもちえないであろう。魔女狩りについて語るテクストの方は、実際に起こった迫害を反映しているとみなされているのに。

或る柔軟な思考、すなわち誤認を覆い隠しているヴェールを部分的にであれ剝ぎとり、諸々の奇跡的な「非覆蔵」可能性についての知識へと開きうる、危機についての一つの思考が出現するためには、文化の秩序が解体し始めているのでなければならない。儀式の衰退が、禁忌の退行が必要である。「ギリシアの奇跡」は、悲劇芸術や哲学がとりわけ証言する供犠の危機と時を同じくしている。精神分析理論に対する、欲望関係へのロマネスク的アプローチの優位性を示したのち、ジラールはためらうことなく同じ位階秩序《ヒエラルキー》を哲学と悲劇詩との間に設定する。合理的思考に対する芸術の優位性は、不変の諸「理念」や他の数値化可能な諸対象が隠蔽することを使命にしている事柄を暴きだすこと、あるいは少なくとも映しだすことである。隠蔽されている事柄とは、諸々の差異の脆さであり、ここから、神話（それらはあらゆるものが混淆状態に置かれる模倣の危機を想起させる）がそれらについて語る怪物や変身の現実性の係数が、人間を人間自身から保護する制度の恣意性が、共同体内部の暴力への唯一の処方箋であるスケープゴートのメカニズムが生じるのである。

ジラールが読みとくシェイクスピア演劇は、徹頭徹尾、模倣論の実演である。恋愛であれ政治であれ、それはさまざまな人間的事象における融和と不和の間の連続性を上演する。愛情から憎悪までは完全に連続している。すべてを共有している二人の友が、同じ女性を欲望し、憎みあうことになる。『ジュリアス・シーザー』におけるカエサル殺害前のブルータスの話は、供犠と政治の間にある、驚くべき同一の連続性を暴きだしている。[20]神話学は歴史学の管轄であり、歴史学はつねに神話学に浸透されている。模倣論のロジックは、二元的ではなく円環的である。欲望の三角形から出発しているわけだから、そのロジックは排中律ではない。このロジックへと入っていくには、断絶や対立という観点で推論するのをやめねばならない。模倣の諸現象は、そのなかの或る現象が別の現象へと作用しては別の現象が或る現象へと作用し返し、概して増幅する。そしてこのことが、人間の暴力という問題を、その解決のためのメカニズムなしには乗り越え不可能なものにする。カエサルの「供犠」は、ローマ共和国の再建には失敗するものの、長きに亘る内戦のあとで、ローマ帝国の建設に寄与することとなる。

たとえ諸文化を構成する一性なるものがあるとしても、そして聖なるもののしるしをつねに（たとえば核抑止力のうちに）見分けることができるにしても（「結局のところ、暴力が荒れ狂うのを妨げるのはつねに暴力なのだ[21]」と冷戦のさなかにジラールは書いている）、近代社会は絶えずよりいっそうの脱聖化を遂げてきた。ジラールは近代の近代性を「絶えず悪化していく供犠の危機のうちに安住する能力[22]」と定義している。スケープゴートのメカニズムはその構造化する力を失った。それは、他者たちの悪行を告発するか、自分は犠牲者の境遇にあると主張するのに役立つ、一個のテーマと成りさがった。近代社会は模倣的対抗を助長する。あらゆる種類の「危機」を生みだす以上、そのダイナミズムは安息に向けたプロセスではない。だがそれは、知と科学技術の次元における恐るべき進歩の原因でもある。とはいえ、供犠の庇護なき脱聖化した世界にあって、暴力は人間の事柄と成りはてた。ジラールはどちらの陣営の肩も持たない。つねにより多くの欲望を解き放つことを欲し、「実際はそのただなかで自分たち自身が窒息するような競争原理の支配する世界の完成に力を傾けている」人びとの肩も、自分たちを縛る掟への、もはや不可能な回帰を欲し、「最も血なまぐさく忌まわしい行いにふける[23]」ことしかできない人びとの肩も。西洋において、歴史上、神なき最初の文明化をもたらした聖なるものの解放がどこから生じ来たったかを、彼は理解しようとするのである。

原注

(1) H. Hubert, M. Mauss, *Essai sur la nature et la fonction du sacrifice* (1899), Paris, Puf, « Quadrige », 2016.〔マルセル・モース／アンリ・ユベール『供犠』小関藤一郎訳、法政大学出版局、一九八三年〕
(2) 聖性を喪失した近代社会の特徴とは、国家と司法制度が合法的な暴力の独占権を有していることである。
(3) 巻末参考文献【2】一一二頁。
(4) これはレヴィ＝ストロースの最初の構造主義的著作の書名である。
(5) 巻末参考文献【4】五六九頁。
(6)「ペストにかかった動物たち」。そして結局、生け贄にされるのはロバである。
(7) 殺害行為はしばしば、主人公《ヒーロー》の「海底への帰還」ないし昇天によって偽装《カムフラージュ》されている。たとえば、レヴィ＝ストロースやジラールが分析した、オジブワ族とティコピア族の神話がそうである。巻末参考文献【2】第四章を参照のこと。
(8) 巻末参考文献【2】一二一頁。
(9) 巻末参考文献【4】四三頁。
(10) 巻末参考文献【4】一三八頁。
(11) 巻末参考文献【4】七一頁。
(12) 巻末参考文献【4】四四―四五頁。

(13) 巻末参考文献【4】一五七頁。

(14) 巻末参考文献【6】を参照のこと。

(15)『バッカイ〔訳注：バッカスの女たち〕』はエウリピデスの悲劇作品だが、その読解はソフォクレスの『オイディプス王』とともに、ジラールによる贄のメカニズムの発見にとって決定的な意義をもつものであった。

(16) 犠牲者は、神話のなかで往々にして、外部から来たよそ者として姿を現わす。オイディプスの場合はそのうえさらにちぐはぐで、なんと王でもある。彼はさまざまな「犠牲者のしるし」を併せもっているのだ。

(17) 巻末参考文献【4】一七七頁。

(18) 巻末参考文献【2】三四八頁。

(19) そこでは依然として或る二項対立が、共時性と通時性の二項対立が問題となる。ジラールの仕事の独自性は、二つの視点を結びつけること、そして文化の形態発生論を提唱することにある。

(20)「供犠者でいよう、ケーアス、屠殺者ではなく」（シェイクスピア『ジュリアス・シーザー』第二幕第一場）。

(21) 巻末参考文献【4】三四五頁。

(22) 巻末参考文献【2】三四九頁。

(23) 巻末参考文献【4】三八二―三八三頁。

第四章　聖書による啓示

ジラールが定義するところの宗教的なものは世界中に現存している。宗教的なものとしての儀式や禁忌なしでは、端的に人類もありえないであろうから。人類が地球上に存在している以上、宗教的なものは全世界的に存在しているはずだという彼の仮説のロジックは、ゆえに民族学を――われわれ西洋人のそれを――生みだしている文化の宗教的伝統のうちに、供犠的儀式について事情はどうなっているのかを探ることへと彼を導く。西洋の宗教的伝統のうちにある供犠的儀式として誰もが思い浮かべるのは、唯一神ヤハウェがアブラハムに命じた、息子イサクの奉献である。ところで、解明の光とこの上ない驚きがやって来るのは、まさにこの方角からである。ジラールは聖書を（ユダヤ教とキリスト教の多くの神学者にとっては自明でない一性があることをそこでもまた立証しつつ）ユダヤ＝キリスト教的エクリチュールと呼ぶが、これは、多神教の諸神話によって注意深く隠蔽されていることをその一部が暴きだす〔啓示する〕テクストの総体である。隠蔽されているのは、生け贄にされた犠牲者たちの無実であり、犠牲者たちの有罪性を信じることを可能にしている神話的虚偽である。これらもまた創設機能をもつテクストだが、「世の初めから隠されていること」[1]を暴きだす〔啓示する〕テクストである。これらの聖書テクストは、反宗教的な民族学者らによって、そしてよりいっそう断固たる調子で反キリスト教的な民族学者らによって脇へ追いやられているが、一つの人類学的真理を担うものであり、その真理とは、ジラールが一つの「科学的仮説」として提示するところのものであるとさえ言えよう。

I　聖書物語は神話なのか

先に明らかになった、三つの契機から成る神話の構造――(一)差異の解体、万人の万人に対する闘争／(二)一者に対する万人の集団的暴力／(三)禁忌や儀礼などの文化の創設――を参照するならば、『創世記』や旧約聖書の多くのエピソードのなかに同じ構造を突きとめるのは容易である。これらの物語を聖書がことごとく取りあつかう手つきには、ただし或る特異性があって、ジラールはそれを二つの創設神話を比較することによって浮き彫りにする。その創設神話とは、ローマ創設の神話とカインによる人類最初の共同体創設の神話である。二つの創設神話は似通っている。敵対する二人の兄弟がいて、一方が他方を殺し、秩序が打ちたてられるという点で。ヤハウェはカインにしるしを与える。「最初にやって来た者がけっして彼を襲わないように」と。ロムルスはローマの創設者である。掟の違反者である自分の弟を死に至らしめることにより、彼は立法者と裁判官を体現する。にもかかわらず、ジラールにとっては、彼が企てた人類学的な「脱神話化」との関わりで見過ごすことのできない一つの差異がある。ヤハウェがカインに与えたしるしは創設者としての彼の行いを権威あるものとするが、彼の殺害行為に対する有罪宣告を妨げるものではまったくない。「お前は何ということをしたのだ。お前の弟の血が、大地から私に向かって叫んでいる」。ロムルスがほぼ神格化されるのに対し、カインは神から人殺しとして扱われる。

　そういうわけで、ジラールが言うには、もし神話が誤認によって、すなわち自分たちが犠牲に供した者の有罪性を殺人者たちが信じることによって歪められた物語であるとすれば、聖書物語はその他諸々の物語と同じく神話なのだろうかと、正当にも自問することができる。殺人者を迫害者と、抹殺された存在を無辜の犠牲者と見る態度は、二次的な関心という性質のものではありえない。それは文化の暴力的創設を覆い隠しているヴェールの一端を剝ぎとることである。ユダヤ人起草者たちが手直しする前は、創設神話は規範に順応してしまっていた可能性がある。アベルは聖書が発掘する長いリストの最初の犠牲者にすぎない。ジラールの主張は、『創世記』〔紀元前四世紀頃〕の起草者たちが、初期神話学における犠牲者と共同体の間の関係をひっくり返したというものである。ヨセフの父であるイスラエル〔訳注：これば別名で本名はヤコブ〕は、ヨセフを彼の一一人の兄弟よりも好むが、そのヨセフの物語において、主人公《ヒーロー》の尊大さ《ヒュブリス》[2]〔訳注：破滅へと導く、現実を無視した過剰な誇りや野心〕を示す痕跡は幾つも残っている。ヨセフが兄弟たちに語る夢のなかで、彼は兄弟たちがその面前でひれ伏す主人《あるじ》となっており、そのことが、ヨセフの死を企むよう兄弟たちに仕向けているのである。のちに、謎めいた夢の意味を解きあかす才能のおかげで、エジプトで功成り名を遂げてから、ヨセフはオイディプスと同様、近親相姦に近い罪で糾弾される。神話と聖書に共通する材料を突きとめながらも、ジラールは両者が真っ向から対立することに気づかせる。神話は主人公《ヒーロー》がその対象である共同体からの追放を正当化するが、聖書物語はその不当さを暴きだす。聖書物語はヨセフの一〇人の異母兄の嫉妬心を糾弾し、模倣的対抗が彼らの暴力の源泉であるとする。そうすることで、聖書物語は犠牲者とその迫害者たちを同時に〔神ではなく〕人間として扱い、「スケープゴート」の真理を開示するような仕方で物語の諸要素を配置するのである。その真理とは、罪のない人間が誤って有罪判決を受けるということである。もしヨセフ物語がオイディプス神話を連想させるとすれば、それは、この物語の背後に、「聖書物語によって系統立てた仕方で手直しされ、反論された、きわめて類似性の高い一つの神話が〔……〕あるに違いない[3]」からである。

供犠システムの無軌道ぶりについての最も法外な証言をジラールが見いだすのは、『ヨブ記』においてである。そこでもなお、オイディプス神話との比較が重きをなす。少なくとも、この謎めいたテクストについてきわめて新奇な問いを立てるジラールにとっては。『ヨブ記』のプロローグはヨブの運命を、サタンから助言を受けた神の手に委ねる。そのことを深刻に受け止めるであろう解釈者は、ヨブが精確かつ執拗に、ただしサタンの名にもプロローグであてがわれた数々の不幸〔物質的困窮、病、子どもたちの死、等々）にもまったく言及することなく、自分が何に苦しんでいるのかをそこで述べ立てるところの一連の対話をきちんと読むことを妨げられてしまう。ヨブは、彼の共同体のスケープゴートである。オイディプスとまったく同様、彼は砕けた偶像である。彼は彼が居住する地方における、力に溢れ、民から敬われる王のようなものだった。誰もが彼を敬愛していた、彼の敵になりえたであろう者たちでさえも。ヨブは回想する。誰もが彼の言葉に耳を傾け、「君《くん》たる者も物言うことをやめて、その口に手を当て、尊い者も声をおさめて、その舌を上あごにつけた。［……］私の言葉は彼らの上に雨のように降りそそいだ」。ところが突如、オイディプスを襲ったのと同じ満場一致がヨブにのしかかり、いまや彼は、最悪の汚辱の対象と、ペスト患者と化し、彼の命は危機に曝される。ヨブは叫ぶ。「ああ、大地よ、私の血を覆ってくれるな、私の嘆きに休むところを得させるな」。そこには、「お前の弟の血が大地から私に向かって叫ぶのを聴け」という、ヤハウェからカインに投げかけられた言葉の残響が感じられる。明らかに、ヨブは神を糾弾していない。だが彼は自分自身をも糾弾していない。誰も立てたことのない問いがそれである。ヨブは誰を告発しているのか。誰がヨブの叫びを塞ごうとしているのか。いったい誰が、犠牲者の血の痕跡を地で覆い隠そうと、つまりかき消そうとしているのか。

その答えは、問答の経緯を記したテクストのうちにある。(4) ヨブの嘆き（「私を弾圧する者たちがこぞって私を躓きの石にする［……］」。彼らは競って私に対抗し、集団を形成する。私の命を奪おうと秘密裏に企みながら」）と同じ、犠牲者の嘆きしか聞こえない『詩篇』と異なり、『ヨブ記』の問答は、迫害者たちにも発言する機会を与える。不幸に見舞われたヨブを三人で、ついで四人で慰めに来た「友人たち」は長広舌をふるうが、それは異常な暴力性を帯びたものである。ヨブの「現実主義」と対照をなす叙事詩の体裁を取った長口上のなかで、彼らは「悪人の生」を刑罰のように描きだす。「彼は、暗やみから帰りうるとは信ぜず、つるぎにねらわれ、ハゲワシのエサにされる」。彼らはその語りのなかで、天上の軍隊や矢のような雨、炎、洪水を呼びだすが、そこには集団的暴力のさまざまなメタファーが認められる。この執拗さは、言葉の助けを借りた私刑《リンチ》に似ている。「友人たち」は暴力を聖なるものにする。自分たちが何をしているかも知らずに。このように、贄のメカニズムとは聖なるものの構造化プロセスであり、比較という方法や仮説によってしかけっして把握できないのだが、このメカニズムが、ヨブとその友人たちの対話のうちで働いているのがわれわれの目に見える。われわれはヨブの挫折に居合わせており、そのことはいかに「首尾よく事が運んでいるか」を理解することを可能にする。みずからを極悪非道と自認するオイディプスと違って、ヨブは自分を迫害する者たちに迎合することをためらい、そして拒否する。神話を生みだすために満場一致を必要とするシステムが、彼のせいで変調をきたす。一連の対話に霊感を吹き込まれた旧約聖書の作者は、ヨブにこう言わせる。「今でも私の証人は天にある。私を擁護してくれる者は高き所にある」。ヨブが突如その加護を祈った神とは、暴力の神、「友人たち」の神たる告発者としての神ではなく、弁護者・擁護者としての神である。迫害者たちの神を忌避することなく、ヨブはこの神に犠牲者たちの神を対置させる。「私の友は私をあざける。だが、私の目は神に向かって涙を注ぐ。どうか彼〔訳注：犠牲者たちの神〕が人間〔訳注：ヨブ〕のために神〔訳注：迫害者たちの神〕と弁論してくれるように。ちょうど或る人が別の人のために割って入ってきてくれるように」。

II　犠牲者たちの神

犠牲者たちの弁護人たる神についてしばし立ちどまって考えてみよう。迫害者たちの神から犠牲者たちの神へのこうしたパースペクティヴ転換に敏感な、ニーチェやウェーバーのような思想家たちは[5]、この転換が、道徳や社会を変革する諸原因になったのだと考えた。この転換は、神の選民であるはずのユダヤ人に、彼らの隣人たる帝国の建設者たち、エジプト人、バビロニア人、ペルシア人、ギリシア人、ローマ人らの成功に比肩するような歴史的成功がなかったことや、民族の歴史上、ユダヤ人が数多の大惨事に見舞われてきたことによるものであろう。だがジラールにとって、問題は、強者に対する弱者の怨恨であるとか犠牲者に有利にはたらくような偏見などとはまったく別のところにある。彼の人類学的パースペクティヴから言えば、犠牲者たちの無実の啓示〔暴きだし〕は、神話学全体に、そして集団的殺人という隠された土台に立脚するものすべてに、とりわけ、供犠的儀式に異議を申し立てるものである。事実、子細を検討すると、人類最初の殺人の聖書的教訓がどこにあるのかが見えてくる。暴力は必ず暴力へと回帰する。過激化する暴力から身を護る術としての供犠も、長期的に見れば、なかでもノアの箱舟として知られる大洪水のエピソードが証言するように、諸々の差異の恐るべき瓦解を妨げることはできない。

神の怒りは『創世記』と『出エジプト記』のなかではっきりと現われているが、他の諸書、とりわけ『預言書』において、人びとは人類の存亡がかかった、供犠の危機に居合わせている。この種の危機を暫定的にであれ解決するのが、スケープゴートへの集団的感情転移である。ジラールは、『イザヤ書』（五二章一三節―五三章）で描かれる、ヤハウェの僕による四篇の詩の特異性を強調する。(6) そこでは、勝利する救い主と受苦する救い主という二重の主題、および贄のメカニズムの全段階が見いだされる。それは、ただ一人の者を共同体の身代わりにすること（「ところがヤハウェは、彼に執り成しをさせた、われら皆の咎《とが》に対して」『イザヤ書』五三章六節）から始まり、神の僕とファルマコスとの類似（「彼は蔑まれ、人びとに見捨てられた者であった」）、供犠の効力発揮（「彼の打ち傷によって、われら自身は癒されていたのだ」）を経て、犠牲者に対する死刑執行（「まことに彼は、生ける者たちの地から断ち切られた」）と神聖視（「彼は多くの国民たちを驚かせ、彼のことで、王たちは口をつぐむであろう」）へと至る行程である。これらのテクストの特異性は、いっさいを暴きだす〔啓示する〕こと、贄のメカニズムの総体と犠牲者の無実を暴きだす〔啓示する〕ことである。「彼はみずからの命を注ぎだして死に至り、不義の者たちのなかに数えられた。本当は彼こそが、多くの者たちの罪を負い、不義の者たちのために執り成しをしていたのに」

『イザヤ書』[7]（五三章一二節）。

供犠的なものの脱構築は、それゆえヘブライ語聖書のうちに現われているが、ユダヤ教の中心をなす反‐偶像崇拝の法に服したままである。アブラハムによる供犠〔訳注：イサク奉献〕は多様に解釈されうるものの、人身御供から動物の生け贄への移行を示しているのだから、それは、暴力の（神の意志による）緩和である。とはいえ、ヤハウェは折を見て復讐することも辞さない神であり続けるし、神の報いという観念、賞罰を与える神という観念は、供犠と同様に存続している。贄のメカニズムがそこで暴きだされる〔啓示される〕神の僕の詩においてさえ、暴力に対する人間の責任は、神と分担されているように見える。聖書テクストはこう語る。「しかしわれわれが、彼について思っていたのは、叩かれ、神に打たれ、痛めつけられているのだということである」（『イザヤ書』五三章四節）。そして次のようにも語る。「ところがヤハウェは、彼に執り成しをさせた、われら皆の咎《とが》に対して」、あるいはさらにこう語る。「神は彼を打ちくだくことを望み、病みはてさせた」（『イザヤ書』五三章一〇節）、自身が肯定したことに異議を唱えるような、そして自身が異議を唱えたことを肯定するような様子で。神のこの逡巡は、贄のメカニズムの真実が旧約聖書のあらゆる文言に書きこまれるのを妨げ、イエスの磔刑の供犠的解釈にとって、つまり殺人者たちは神のご意志の道具にすぎないという主張にとって、有利に作用することになる。

だがそれにもかかわらず、「供犠」という語は、磔刑に関して、福音書のテクストには出てこない。

雄羊と替えることによってイサクの殺害を防いだ犠牲者たちの神が、本当に彼自身の息子を燔祭《ホロコースト》〔訳注：古代ユダヤ教で動物を丸焼きして神に捧げる儀式〕に供することを意欲しうるだろうか。こうした反論は、教父たち〔訳注：初期教会の神学者たち〕の筆にも見いだせる。この点についてジラールはニーチェを当代「随一の神学者」とみなすのだが、ニーチェもまた、異教の宗教〔訳注：キリスト教徒にとっての異教徒の宗教で、とくに古代ローマの多神教〕に真っ向から対立するところに聖書の全面的な独自性があると直観していた節が認められる。実証科学にとって、事実はそこにある。あらゆる宗教が殺人の上に成り立っている、ゆえに宗教はどれもすべて似通っている。ニーチェの方は、解釈に専念する。「ディオニュソス〔訳注：ギリシア神話の酒神で、ローマ神話のバッカスに当たる〕対十字架にかけられし者〔訳注：イエス・キリスト〕」、ここに異教の宗教とキリスト教の対立がよく表れている。それは殉教に関する相違ではなく、そもそも殉教の意味が違うのだ。生そのものが、その永遠の繁殖性、その永遠の回帰が、苦悩を、破壊を、殲滅への意志を規定している。他方では、受苦が、「無実」である限りでの「十字架にかけられし者〔訳注：イエス・キリスト〕」が、この生に対する反証として、有罪宣告の定式として用いられる[8]」。ディオニュソスは異教の宗教を象徴しているが、これは「最も酷い苦しみに同意しさえするものである」。苦を拒絶することにより生を断罪していると、そしてとくに犠牲者たちの側に立っていると彼が非難する聖書の宗教に対抗して異教の宗教に与しつつも、ニーチェはキリストの受難のうちに、それが実際何であるのかを、すなわち聖なるものの永劫回帰に立脚した人間の生と文化への、有罪宣告を見たのである。

III 福音書による啓示

贄のメカニズムに対する誤認は、このメカニズムをうまく機能させる上で必須なので、新約聖書におけるキリストのことばやはたらきによるその機能の仕方の啓示〔暴きだし〕は、贄のメカニズムへの有罪宣告に等しい。ニーチェが没頭する、人間の生と文化へのあの有罪宣告〔訳注：キリストの受難〕に対する有罪宣告はあまりに耐えがたい立ち位置なので、ジラールはそこに、彼の天才から狂気への転換を見て取る。とはいえ、福音書は次のこともまた啓示する。福音の教えは理解されないだろうと。まさにそれゆえに、たとえ迫害のテクストが含む神話的虚偽が暴かれようと、スケープゴートは依然として存在し続けるだろうと。

イエスはパリサイ人の儀式偏重主義に対抗する以上のことをする、その機能を暴きだし、それを時代遅れと断じるのである。彼は預言者たちの言葉を引用する。「そこで、行って、『私が望むのは憐れみであって、犠牲ではない』ということが何であるのか学んでくるがよい」（『マタイによる福音書』九章一三節）。イエスのすべての教えは、神的なものについての復讐的かつ報酬的な考えを拒絶することにあり、その点では、旧約聖書の仕事を完成させるものである。これに関して最も意義深いテクストは、『マタイによる福音書』のうちにある。『あなたはあなたの隣人を愛するであろう、そしてあなたの敵を憎むであろう』と言われたことは、あなたたちも聞いたことである。しかし、この私はあなたたちにこう言う、あなたたちの敵を愛せ、そしてあなたたちを迫害する者らのために祈れ。そうすればあなたたちは、天におられるあなたたちの父の子らとなるであろう。なぜならば父は、悪人たちの上にも善人たちの上にも彼の太陽を上らせ、義なる者たちの上にも不義なる者たちの上にも雨を降らせてくださるからである」（『マタイによる福音書』五章四四―四五節）。『旧約』のヤハウェと異なり、ここで加護を求められる『新約』の父なる神は、われわれ人間の些事を気に掛けていないように見える。あたかも福音書が、純粋に理性的な、哲学者と知者の神を勝手に作りあげたかのように。だがジラールが示すのは、神は人間たちに無関心であるわけではなく、イエスが人びとに提案することを人びとが受け入れる場合にのみ、福音書の神はみずからを人間たちに認識してもらうことができるということである。その提案とは、底意なしの、そして供犠的媒介なしの和解であるが、それはあらゆる宗教に共通する、贄という土台の啓示〔暴きだし〕を、しかもことばだけでなく、はたらきにおける啓示を必要とする。イエスは父なる神へと至る道であり、父、真理、そして生命のようなものである――『ヨハネによる福音書』において繰り返されるこの考えは、暴力とは無縁な、にもかかわらずイエスという人格においてそのメカニズムを認識し、暴きだし〔啓示し〕うるような或る神性を指差すしぐさを、初めて示すものである。

福音書は暴力の諸宗教を徹底的に脱神話化しているというジラールの主張に反証を突きつける論拠の

一つが、黙示録というテーマである。どのようにしてこれを、神の王国の到来を説く宣教へと組み込めばよいのか。暴力は、福音書においてつねに人間へと帰されるものであり、けっして神にではないと示すことによってのみである。福音書に見受けられる黙示録的な諸特徴は旧約聖書のテクストから借りてこられたものであるが、これらの特徴やイメージは、ジラールの術語で言うと、供犠の危機を、すなわち地上の都市国家の崩壊を描きだしている。人殺しの農夫たちを罰する葡萄園の「主人」について語る諸々の譬え(『マタイによる福音書』二一章四〇―四二節)は、福音の教えの新しさに当惑させられた起草者たちの筆の乱れによるものであることを、ジラールは証明しようと努める。イエス自身によれば、これらの譬えは、物事の遠回しな語り方、彼の言葉を聴く者たちの気質〔訳注:見ても見ず、聞いても聞かず、悟らないという心の鈍さ〕を考慮に入れたメタファーであるという。聖ヨハネのこのテクストは、福音書の供犠的読解に否を突きつける。「もう私はあなたがたを僕《しもべ》とは呼ばない、僕《しもべ》にはその主人が何をしているかわからないからである。私はあなたがたを友と言ってきた。私の父から聞いたことをすべて、あなたがたに知らせたからである」(『ヨハネによる福音書』一五章一五節)。

福音書による啓示とは、何よりもまず神の王国の供与、模倣のスパイラルや暴力的儀礼に取って代わる愛である。この供与は、模倣的対抗や復讐心の徹底した排除を条件としている。黙示録的な脅威はこの供与と連関している。というのも、もし贄のメカニズムがいったん暴きだされ〔啓示され〕もはや機能しないとなれば、あるいはうまく機能しなくなるとすれば、暴力は、和解に向けたその調停力を回復させようと虚しく希望しつつも、犠牲者を増加させることしかできなくなるであろうからである。贄のメカニズムが暴きだされた〔啓示された〕のち、ジラールによると、脅威は、対処法がないように見えるだけに、ますますぞっとするものとなる。対処法がないというのは、この脅威は人間的なものであって、つまり欲望の伝染から、そしてこの脅威が引き起こす錯覚の伝染から生じるからである。したがって、この脅威を無くする唯一の仕方は、実際、左の頬を打たれたら「右の頬を差しだす」こと、やられたらやり返すというような考えを放棄すること、そしてたとえ正当防衛であったとしても、すなわち攻撃を受けた場合に普通ならそう反応するであろう振る舞いについても、そのすべてを断念すること——そういうことになろう。模倣論はわれわれに、暴力には誰が最初に始めたかのイニシアティヴなどなく、報復のみがあるという事実を教えた。報復こそ、放棄しなければならないものなのである。そうすると、自分の得になるよう動いてくれる人たちの得になるよう動き、お返しを期待して与えることに甘んじるのではなく、自分の敵をも愛するのでなければならないし、見返りを求めず与えるのでなければならない（『ルカによる福音書』六章三三—三五節）。模倣論に基づく聖書解釈の特異性は、理解しがたいことを理解させること、認めがたいことを認めさせることである。福音書の教義は、非現実的と断じられるものの、ジラールの考えでは絶対現実主義という性質のものであって、暴力の螺旋から抜けだし、悪しき相互性を善き相互性へと変じさせるために、われわれが何を為すべきかを正確に教えてくれる。

Ⅳ　キリストの受難、はたらきにおける啓示

キリストの死をめぐるジラールの解釈は、暴力は神的なものをまったくもたないという事実に全面的に依拠している。「福音書が、キリストはすべての犠牲者たちの身代わりになってくださったと強く主張する時、われわれはそこに、センチメンタリズムと誇張的な敬虔さしか見ない。認識論的関係下では、文字通り真実であるにもかかわらず[9]」。だが、イエスは他の多くの犠牲者たちのように、恣意的に仕立てあげられた犠牲者ではない。イエスが暴動の扇動者のように感じとられた理由は、「世界平和[10]」がそこに立脚しているところの暴力を、彼が暴いたことである。福音書はわれわれに何を語っているのか。一方で、ヨハネのテクストにおいて語られるのは、人間がサタンの息子であるということである。サタンとは、その全体における模倣的プロセスの名であって、あらゆる無秩序の源泉であり、共同体を確実に延命させるためのあらゆる偽りの秩序の源泉である。『マタイによる福音書』や『ルカによる福音書』で記述される、イエスがパリサイ人たちへ投げかける呪詛の言葉は、みずからの父祖たちの暴力を告発する者らの、始祖殺しに対する依存性を強調している。「一方で彼ら〔訳注：パリサイ人の父祖たち〕が預言者たちを殺すと、他方でお前たち〔訳注：パリサイ人〕がその墓を建てる」（『ルカによる福音書』

一一章四七―四八節)。一言で言うと、福音書は贄のメカニズムを暴きだして〔啓示して〕いるのだ。他方で、福音書が示すのは、イエスが最後まで、神の発したあの言葉に、報復を全面的に放棄するよう求めるあの愛の言葉に忠実であり続けていることである。だが、暴力の業によって作りあげられた世界にあっては、神の言葉は受容もされなければ聴取すらもされえないということ、したがって、暴力が人間関係の支配者であるようなところでは、イエスは必ずこの暴力を被って死ぬことになるということである。

　受難とは、自殺でも神によって命じられた供犠でもない。キリストの死の真の原因は、彼が行なう「神の王国」の供与への絶対的な忠実さである。ここで、暴力のロジックと愛のロジックという二つのロジックの突きあわせを見ておかねばならない。前者は誤認によって支配されており、それ自身を理解していないので、他のロジックもまた理解することがない。後者は聞き取れないほどかすかな嘆息だが、にもかかわらず前者より優れたものである。というのも、それ自身を理解しているがゆえに、愛のロジックは暴力のロジックをも理解するからである。愛のロジックが聞き取れないのは、それが糾弾されているからである。それ自身の暴力を誤認することによって構造化されたこの人間世界においては、暴力の真実を語る者は暴力的であると糾弾され、彼に先んじてそれを告知した預言者たちと同じ運命を辿ることになる。

　ジラールが言うには、預言という贈り物を、愛のロジックを介して暴力のロジックの理解へと繋げなければならない。イエスはみずからの磔刑を予告し、ペテロに向かってあなたは私を裏切ることになるだろうと予言する。これはまったく奇跡的なことではない。イエスの磔刑と弟子の裏切りという二つの出来事は、暴力的な人間たちのロジックから演繹されるのだから。イエスは必ず死ぬことになる。なぜなら、暴力的な贄のメカニズムを理解し啓示する〔暴きだす〕一方で、イエスは根本的に暴力と無縁だから。ペテロは必ず裏切ることになる。なぜなら、どれほど意志堅固であっても、人間である限り、模倣的欲望に従ってしまうから。イエスを裁く大祭司に仕える者たちから成る小さな群衆のなかで、孤独に圧しつぶされそうになったペテロは、イエスに対して湧きおこる満場一致に抗うことができなくなり、否認してしまう。「俺はあんな人間なぞ知らない」と。『マルコによる福音書』では、このイエスの弟子に声を掛ける大祭司の女中が「模範」の役割を果たしているのだが、そこで見て取れるのは、ペテロに道を誤らせるのは恐怖ではなく、純粋に模倣的なリアクション、〔ペテロの否認を予告したイエスに、イエスと知り合いであることを否定するはずがないなどと誓ってしまったという意味で〕自分はすでに道を踏み外してしまっているという恥の意識、皆が軽蔑しているあのイエスを恥ずかしく思う気持ちだということである。ペテロは群衆の態度を採用し、イエスへの裁判が行われた大祭司邸の中庭を照らしているのと同じ松明を分けあうこの小さな共同体の一部となるため、彼は束の間、迫害者となるのである。

ローマ帝国の権威のみがイエスに有罪判決を下すことができるのだから、一見すると合法的に見えるものの、イエスの死は私刑《リンチ》である。福音書は、彼が何度も石殺しの刑の企てから免れたことに言及する。彼が被った不正を証言する上で核となる忠実な弟子たちが残っているソクラテスの死と違って、キリストの死は、群衆の現象である。この群衆の現象がイエスの弟子たちを散り散りばらばらにし、当局者に圧力をかけ、イエスとともに刑に処せられる二人の犯罪人を陣営に引きいれるまでになる。二人の受刑者はイエスを挑発し、冒瀆する。『ルカによる福音書』では、二人の犯罪人のうち、悔い改めた一人の「よき盗賊」が描かれているにせよ。この満場一致は、ジラールの主張にとってきわめて重要である。満場一致こそが人間の暴力を聖なるものにすることを可能にするのである。神話を生みだすメカニズムは、〔欲望および暴力の〕模倣的伝染と〔スケープゴートおよび贄へのメカニズムそのものに対する〕誤認というあの二つの柱に立脚している。逆説的にも、このメカニズムがキリストの受難において表象されうるのは、すなわち啓示され〔暴きだされ〕うるのは、迫害する群衆の――ここに政治的および宗教的権威までもが加わるのだが――あの麗しき満場一致のおかげでメカニズムがほぼ完璧に機能する場合のみである。「世の初めから隠されていること」〔『マタイによる福音書』一三章三五節〕が暴きだされる〔啓示される〕ためには、キリストの受難は、その最も細かな部分においても創設の出来事を再現するのでなければならない。啓示的役割を果たしている細かな記述のなかから、ジラールは、尋問をうけるイエスが王ヘロデのもとから総督ピラトゥスのもとへと送致されたこの日、「以前は互いにいがみ合っていたヘロデとピラトゥスが互いに親友同士になった」という『ルカによる福音書』の記述を取り上げる。カタルシス的な性質をもつものとして、集団による殺害行為は諸々の緊張を緩和し、いがみ合う同志たちを和解させるのである。

V　家造りたちの棄てた石

ニーチェが見て取ったように、イエスの処刑は、他のいかなる処刑とも、異教の供犠とさえ、何ら異なるところがない。イエスの処刑はそれらの原型を再現するものなのだから。ただし、イエスの処刑は或る異なる意味合いを持っている。イエスの弟子たちは、これは『マルコによる福音書』において顕著だが、最初は何も理解していなかった。だからこそイエスは、彼らの変節を予見していたのである。「あなたたち全員が、私に躓くことになるであろう」と。解明の光は、イエスの復活から彼らにやって来る。ジラールが言うには、福音書の逆説は、今日《こんにち》この上ない神話化の出来事として解釈されているイエスの復活が、いっさいの脱神話化の源泉であるという点にある。イエスの復活から真実が姿を現わす。真実の出現とは、犠牲者の無実および贄のメカニズムの、福音的啓示〔暴きだし〕である。贄のメカニズムは、それへの誤認がディオニュソスや神話学で語られる暴力的な神々を生みだすことを可能にしたのだが、このメカニズムは四人の福音史家によって全面的にその覆いを剝ぎとられることになる。受難の物語でははたらきにおいて、イエスの宣教ではことばにおいて。

かくして、葡萄園の人殺し農夫たちの譬え――この農夫たちは葡萄園の主人が遣わした僕を皆殺しにしたあと、その息子に非業の死を遂げさせるのだが——に続いて、イエスは聖書釈義上の一つの問題提起をする。いったい次の記述は何を意味するのか。「家造りたちの棄てた石、それこそが隅の親石となった」（『ルカによる福音書』二〇章一七節）。『詩篇』一一八章からのこの引用は、イエスの話に耳を傾ける者たちを当惑させる。キリスト者であれ非キリスト者であれ、読者はキリストをただちにこの石と同一視するものの、この読み筋に含まれる「途方もない人類学的反響」を見て取ることはない。ジラールは、福音書とは神論（神学）というより人間論（人間学）であると書き記したシモーヌ・ヴェイユに敬意を表する。彼自身が棄て石となることによって、キリストは、あらゆる文化の隠された土台を暴きだす〔啓示する〕のである。のちに神格化されることになる一人の無辜の犠牲者の、集団的殺害という土台を。

観察可能な諸事実で事足れりとする実証主義は、犠牲者の無実という福音書の解釈に目を留めず、犠牲者の神格化という側面しか見ない。キリスト教とは、したがって他のすべての宗教と同じような一宗教ではないのか。キリスト教の生成過程は、古代宗教の図式を見事に再現するものである。受難の物語のうちに、贄のメカニズムの三つの段階が再び見いだされる。

（一）ローマ帝国の支配下でユダヤ文化が瀕した供犠の危機[11]
（二）私刑《リンチ》の近代化されたバージョンとしての磔刑
（三）身代わりの犠牲者の神格化

キリストはたしかに、その栄光の極みにおいてキリスト教という新宗教の隅石《コーナーストーン》となった、あの躓きの石ということになろう。それが、ジラールがその継承者であるところの、宗教的なものの人類学の主張である。実際、「反宗教的な時代遅れの民族学者たち」(デュルケム、フレイザー、ホカート等々)がキリスト教に対して抱く敵意は、次のような直観を抱くことを彼らに可能にする。その直観とは、同一のプロセスが、無数の神話においてもキリストの磔刑においても働いているという直観である。さらに言えば、古代文化において、供犠は食事で幕を閉じるが、そこでは共同体が、人間であれ動物であれ、犠牲に供されたものの身体を食すのである。反キリスト教的な比較研究学者たちは、ジラールが言うには、必ずキリスト教の聖体秘跡を食人種の饗宴と関連づけた。『ヨハネによる福音書』のなかでイエスが次のような言葉――「私の肉を食し、私の血を飲まない限り、あなたがたは永遠の生命を持つことができないだろう」(『ヨハネによる福音書』六章四八―六六節)――を発している以上、こうした関連づけはまったく不当ではない。弟子たちのなかには、イエスの話を聞いて彼から離れ去り、もはや彼とともに歩もうとしなかった者もいるとヨハネは報告している。

われわれは、ヨセフ物語や『詩篇』、『ヨブ記』を貫くヘブライ語聖書の霊感が、犠牲者たちの極悪非道さに関する異教の錯覚を忌避していることを見てきた。犠牲者たちは何よりもまず無実である。暴力は、神話においてそうであるように、聖書物語においても中心的事象であるが、そこではよりいっそう表現力に富んでいる。犠牲者たちにヘブライ語聖書の起草者たちは発言権を与えるのだが、彼らが自分の被った不正や逆恨みに声を上げるのに対し、オイディプスは群衆の判決を受け入れる。だが、一方でヘブライ語聖書的なものと、他方でギリシア・ローマの古代異教文明的なものやキリスト教的なものとの間には、或る本質的な違いがある。ユダヤ教の犠牲者たちが復活することはないし、誰一人として神格化されない。神について言えば、彼はしばしば怒りを露わにするけれども、けっして犠牲者ではない。犠牲者たちを脱神格化し、神を脱犠牲化する点で、ヘブライ語聖書は古代神話とも福音書とも違うことをジラールは証明する。(12) このように、集団私刑《リンチ》の犠牲者を神格化するがゆえに、キリスト教は神話学へと退行しているように見えるのである。パウロはのちにこう書き記すことになる。「私たちは十字架につけられてしまっているキリストを宣教するが、このキリストはユダヤ人たちにとっては躓きであり、異邦人たちにとっては愚かさである」(『コリント人への第一の手紙』一章二三節)。ジラールによれば、受難の構造が始祖殺しのそれと同一であるがゆえに、古代神話と福音書との間にある違いが見落とされてしまった。太古の神々が満場一致の群衆によって神聖化されるのに対し、キリストの神性は、ごく少数の、異分子に当たる人びとにのみ啓示されるという違いが。

VI 「彼らは自分たちが何をしているか分かっていないのです」

他の預言者たちと同じように自分も死ぬことになるであろうとイエスが言う時、彼はアベルの名に言及するが[13]、アベルは預言者でもユダヤ人でもない。それゆえイエスは、あらゆる身代わりの犠牲者たちの立場に身を置いているのであり、彼の死はあらゆる始祖殺しの連続性のうちにあるということになる。だが、古代ギリシア・ローマの諸宗教における神格化された犠牲者たちと異なり、イエスのこの告知され同意された死は、スケープゴートの神聖化によってではなく、むしろ贄のシステムの脱神聖化によって幕を閉じる。イエスの受難は、ジラールが言うには、最初の始祖殺しであり、これは新約聖書の四福音書〔訳注：『マルコによる福音書』『マタイによる福音書』『ルカによる福音書』『ヨハネによる福音書』〕において客観的、現実主義的、歴史的な物語の形で、さらに、預言が成就されるなかで働いている模倣的競合を完全に見通すような物語の形で提示されることになる。四福音書が提示するイエスの受難物語は、たんに神話でないのみならず、この受難物語の成立は、ジラールがスケープゴートのメカニズムと呼ぶところのものが脱神話化される、すなわち漏れなく（*in extenso*）啓示される〔暴きだされる〕、最初の時である。一人の絶対的に無辜なる存在の集団的迫害が、まさにそういうものとして〔訳注：無実の人間が不当に被った冤罪として〕、犠牲者を神聖化する振る舞いに付き物の盲目さを不可能にしつつ、そのまったき人間的残虐さと人間的真実において表象される、最初の時である。イエスは神格化された犠牲者ではない、なぜなら今回は、神は群衆の側にではなく、犠牲者の側につくからである……犠牲者と完全に同一化されるに至るまで。明らかに、福音史家たち、とくにヨハネにとってそうであるのと同様、ユダヤ人にとっても、キリストの神性は、彼が処された十字架刑の結果ではなく、原因である(14)。自分は神と一つであるという彼の教えや主張が引き起こした醜聞《スキャンダル》は、ローマ占領軍によって押しつけられた脆い平和のムードのうちにあったあの分裂の時代にあって、深刻な脅威である。それゆえこれまで述べたように、イエスはまったく偶然的な要素を含まないスケープゴートである。パリサイ人たちとの彼の論争は悪い方向へと転がり、人間にすぎないのに「自分自身を神にしようとし」(『ヨハネによる福音書』一〇章三三節)、神を冒瀆していると非難される。総督ピラトゥスの前で、この敬虔な人びとは次のように陳情する。「われわれには律法がある。その律法によれば、彼は死ななければならない。自分を神の子としたのだから」(『ヨハネによる福音書』一九章七節)。

学問の場に留まろうとするジラールにとって、キリストの神性への信仰は、次のような推論から理解可能なものとなる。暴力と神話が支配する世界にあって、暴力には絶対にいっさい負わず、にもかかわらず、その言葉とその受難によって暴力を完全に脱神話化させることのできる人間が出現することは、いかにして可能か。「暴力と暴力的な所業についての真正の知は福音書に埋蔵されているという事実が、単純に人間的なものに起源をもつことはありえない。まさにそれゆえに、福音書は、新約聖書の全体は、そして初期公会議における神学は、次のように断言している。キリストは神である、ただしそれは、彼が十字架にかけられたからではなく、彼が永遠の神から生まれた神であるという理由によってであると[15]」。

ジラールは、イエスが地上にやって来たという真の奇跡に強調点を置く。彼の完璧な潔白は、暴力のさまざまなメカニズムについての、これもまた同じくらい完璧な一つの知に裏打ちされている。「父よ、彼らをお赦しください。彼らは自分たちが何をしているか、分かっていないのです」(『ルカによる福音書』二三章三四節)。神への嘆願中に発されたイエスのこの言葉は、贄のメカニズムについて真理を言いあてている。贄のメカニズムは迫害者たちの無自覚の上に成り立っている。彼らは自分たちがいいことをしていると信じているのだ[16]。ユダヤ教の大祭司カヤファは、「ただ一人の人間が死んでくれるのが［……］自分たちにとって得策だ」と述べ、それがユダヤ民族を救うことになると信じている。彼は政治的な選択をしているが、実は自分が何をしているか分かっていない。彼は神聖化された暴力の支配に服しており、しかも贄のメカニズムの原理そのものを口に出すことによって、秘密を漏らしているのである。十字架上のキリストは、暴力がそれ自身を告発せざるをえなくする。それも神によるいっさいの義認を欠いた、人間たちの恣意的な所業として。パウロはのちにこれを「十字架の勝利」(『コロサイ人への手紙』二章一四―一五節)と皮肉るまでに至る。初めて、神話によって隠蔽されてきた出来事、世界の秩序を創設する出来事、諸々の「支配と権勢」をその殺害者たる神々とその血塗られた供犠で以って創設する出来事が、そのまったき真実において表象されるのである。では、すべての供犠に終止符を打つことになる一つの死をどのように「供犠」と呼べばよいのか。決定打となる仕方で迫害の真相を暴きだす〔啓示する〕ことにより、暴力の脱神話化において現代の人文科学よりもいっそう遠くへ赴くことにより、福音書のテクストは、旧約聖書の預言主義との連続性のうちにあって、『世の初めから隠されていること』のジラールによれば、決定的に反供犠的ということになる。

VII 「サタンがサタンを追いだす」

四福音書には、イエスがみずからの宣教と受難によって、福音書で絶えず引用されている『詩篇』や『預言書』に含まれる啓示を成就していることを示そうとする一貫した意志が認められる。たとえ彼の場合、事実としては正確でないにしても、イエスは或る詩篇から、犠牲者の無実と群衆の理性喪失をめぐる非常に濃密なあの表現を取り上げる。「彼らはゆえなく私を憎んだ」(『詩篇』三五篇一九節、および『ヨハネによる福音書』一五章二五節)。ジラールがそこに身を置く人類学的にして科学的な地平で重要なのは、神話が映しだす〔反映する〕しかない真実——諸文化の殺人的発生と、犠牲者たちの無実というつねに覆い隠されてきた真実——を暴きだす〔啓示する〕ことである。マタイは「義人アベルの血から始まって、地上で流されたすべての義なる血」について語るが、このことは人類の起源へと送りかえす。イエスがその「呪詛の言葉」をパリサイ人たちに向ける時、イエスは全人類をも志向している。それを免れようとすることによって、お前たちはお前たちの父祖たちの暴力を永続させているとパリサイ人たちに向ける非難を、イエスはのちにユダヤ人たちを糾弾することになるキリスト者たちへと、あらかじめ向けているのだ。「もしわれわれが、われわれの父祖たちの時代にいたならば、預言者たちの血について、父祖たちの共犯者にはならなかったであろうに」(『マタイによる福音書』二三章三〇節)とユダヤ人たちは語る。だが、まさに彼らの父祖たちと同じく、彼らは暴力を自分たちから遠く隔たったところへ追いやる以外の何をしているというのか。ヨハネの或るテクストは、嘘と暴力の間の連関を明瞭に示している。「なぜ、私の語るところを知ろうとしないのか。あなたがたは私のことばを聞くことができないのだ。あなたがたは悪魔という父親からのものであり、自分たちの父親の欲望を行ないたいと思っているのだ。あの者は初めから人殺しであった。真理のうちに立ってはいなかった。彼のうちには真理がないからである。彼が嘘を語る時には、みずからの本性から語る。なぜなら彼は嘘つきであり、嘘の父親だからである」(『ヨハネによる福音書』八章四三―四四、五九節)。

嘘と原初の殺人との間にどのような関係があるのか。悪魔的なものの虚偽的性格は、カインによるアベルの殺害に、すなわち文化の暴力的創設に関わるものである。ジラールの術語で言えば、贄のメカニズムは殺人に立脚するのみならず、虚偽に立脚している。人間がそのただなかでみずからの暴力を神聖化することによりこの暴力と馴れあう術を見いだしたところの、供犠システムのうちで生きながらえている虚偽に。このシステムのどこにおいても、ひとは自分が殺していることを知らずに済ませるために殺す。共観福音書〔訳注：新約聖書中の四福音書のうち、『ヨハネによる福音書』を除く『マルコによる福音書』『マタイによる福音書』『ルカによる福音書』〕において、サタンは「この世の王であり原理（*princeps hujus mundi*）」である。『創世記』においてと同様、サタンは「誘惑者」であり、イエスの真の敵対者である。このサタンという名のもと、欲望の伝染から始まって集団的殺害へと至る、その全体としての模倣プロセスを読み取らねばならない。かくして、あの否認〔訳注：いわゆる「最後の晩餐」のあと、イエスは弟子たちに「あなたたち全員が、今夜私に躓くことになるであろう」と告げる。するとペテロが自分だけはけっして躓かないと反論する。これに対して「あなたは今夜、鶏が啼く前に、あなたは三度私を否む〔知らないと言う〕だろう」とイエスは予言するが、その予言どおり、ペテロが大祭司の女中たちから、迫害されているイエスとの関係を問われて、三度それを否定したという四福音書中の逸話〕に先立ち、ペテロがイエスの受難告知を拒否した時、イエスは言う。「サタンよ、私の背後に失せろ。お前は私の躓きだ」と。ペテロはまだイエスが何を啓示しに来たか理解していなかったわけだから、きわめて当然ながら、サタンに導かれるがままとなる。彼にはイエスが分からない、彼の言葉を聞くことができない。なぜなら彼が成就しようとしているのは、サタンの欲望（それは栄光であって殉教ではない）だから。まさにそれゆえに、イエスは「あなたたち全員が、私に躓くことになるであろう」と予言しえたのである。だがペテロは抗議する、「この私はけっして躓きません」と。なぜなら彼は虚偽のうちにあり、実際はみずからの欲望に依存しているのにそれを制御できると信じこんでいるからである。否認後のペテロの回心は、ダマスカスへの途上でのパウロの回心と同じく、彼がイエスの迫害者であることの啓示〔暴きだし〕と同時に起こることになる。

躓き（*skandalon*）というこのギリシア語は〈模範‐障害〉を意味する。ひとが絶えずそれにけつまずくところの躓きの石を。模範は障害となり、障害は模範となる。福音書のなかで躓きの石はつねにサタンと結びついている。だが、サタンに支配された人間的領域において、躓かせる〔訳注：悪い手本を見せて罪へと導く、ただしここでは、人びとが信を置くことができない当の相手である、の意〕のはイエスであることを押さえておかねばならない。まさにそれゆえに、彼はみずからの宣教の失敗を予言する。彼がエルサレムに入った時、歓呼の声で迎える群衆が、次の日以降は「あいつを十字架にかけろ」とわめきたてるだろうと。ゲラサの地における悪霊のエピソードは、群衆のそうした敵意に満ちた豹変を深く理解することを可能にする。ユダヤ人にとっての異教徒の地で、イエスは、石で自分の体を切り刻みながら墓場を走り回る重篤な病人の体から悪霊たちを追いだす。病人と同郷の人たちでは、彼をうまく取りおさえることができなかったのである。だが、悪霊に取り憑かれたその男の治癒が確認されると、ゲラサの地の人びとは、それを喜ぶどころか、イエスに出ていってくれと懇願する。このエピソードが孕む意味の一つは、ごく図式的にここで要約するなら[17]、どの社会にも悪魔的とならざるをえない次元があって、この次元は、その社会がそこに生息する狂人ないし凶暴な者たちと結ぶ、暴力的とならざるをえない共謀関係の上に成り立っているということである。

　イエスが起こした数々の「奇跡」については何も言うべきことがなく、人類学者ジラールがこだわるのは、これらの奇跡を記述するテクストのみである。イエスへの賛嘆が群衆の間で支配的になっていくにつれ、パリサイ人たちのような宗教的エリート層は不安を覚える。「こいつが悪霊どもを追いだしているのは、ほかでもない、悪霊どもの首領のベエルゼブルによってやっているのだ」。これらの糾弾に対し、イエスは答える。「みずからに刃向かって分裂している王国はことごとく荒廃する〔……〕また、もしサタンがサタンを追いだすなら、みずからに敵対して分裂したということになる。ならば彼の王国はどうやって立ちゆくであろうか。また、もし私がベエルゼブルによって悪霊どもを追いだしているのなら、お前たちの息子たちは何によって悪霊どもを追いだしているのか。このゆえに、彼ら自身がお前たちの裁き手になるであろう。しかし、もしこの私が神の霊によって悪霊どもを追いだしているのなら、神の王国はお前たちの上にまさに到来したのである」（『マタイによる福音書』一二章二五―二八節）。一読する限りでは、イエスは他の治療師たちとの模倣的競合のうちにあるように見える。だが、ジラールの読み筋は、このテクストの啓示的な潜勢力を明るみに出すものであり、彼はしばしばそこへと立ち返ることになる。このテクストは二つの支配を、サタンのそれと神の王国とを対立させている。前者はこの世の王国である。見てきたように、それは贄のメカニズムから、つまり暴力を暴力によって祓うことから生じるものである。王国を滅亡させる恐れのあるものが、王国の構成原理でもあるのだ。サタンがサタンを追いだすという表現が意味するのは、毒と薬の同一性である。シャーマンのように、攪乱要因を追いだす社会集団のやり方をそっくり模倣して癒すのであれば、イエスはサタンの息子ということになろう。一見そう見えるが、彼がしているのはそういうことではない。実際、たとえイエスが彼の対話者たちの言葉を、悪霊を追いだすという言葉を遣うとしても、彼はあたかもサタン的な次元が有罪判決を受けているかのように語っている。彼は或る別の支配を告知する。ちょうど愛の論理が暴力の論理と異なるように、サタンの支配と異なるもう一つの支配を。このように、たとえイエスがあるいはマタイが「追いだす」という語を用いるとしても、彼らは古い秩序の崩壊を告知している。いわば追放の追放を告知しているのである。それが、自分たちのスケープゴートを奪われるのを拒否することによって、ゲラサの地に住む異教徒の共同体が理解したことである。

VIII　宗教的なものの逆説的一性

サタンとは、結局のところ、秩序の源泉である。サタンの支配の終焉は、その分裂がサタンを深淵へと引きずりこむたびにサタンが再生することを可能にしている供犠という後ろ盾の終焉である。イエスは、この世のものではない、知性を超越した一つの平和を人びとに提案することによって、人びとが知る唯一の平和、スケープゴートによって成り立つ平和を危うくする。だからこそ、この平和の使者は彼の行く手に分裂を引き起こし、次の異様な言葉を発するのである。「私は平和ではなく、剣をもたらすために来たのである。すなわち私は、息子を父から、娘を母から引き離すために来たのである」(『マタイによる福音書』一〇章三四節)。ひとはシェイクスピア悲劇やドストエフスキーの黙示録的小説の前口上を聴いたように思うだろう。ジラールの主張は福音書と完璧に一致している。近親者間の関係は、模倣的対抗によって最も密なものとなるのである。嫉妬にまみれた欲望に始まり集団的殺人にまで至る暴力的な模倣の啓示〔暴きだし〕は、ただちにサタンの支配か神の王国かを選択するよう人びとに要請する。そして人びとは、彼らの父に、ただし神ではなく、悪魔的なものとしての父に従うことを選択するのである。「あなたがたは自分たちの父親の欲望を行いたいと思っている。あの者は初めから人殺しであったのに」(『ヨハネによる福音書』八章四四節)。

ジラールは当初、福音書を供犠的な文脈で読むことに反対した。この供犠的解釈の原因は歴史上のキリスト教にあると彼は考えている。或る間違った読み筋は次のように説明される。福音は異教世界で伝播されたが、異教世界はユダヤ民族とは逆に、供犠からの脱出への備えがなかったのだと。そうした読み筋はキリスト教のテクストに、今度はこのテクストが創設者となることを可能にした。順境にあっても逆境にあっても。キリスト教は迫害のテクストを神話に取って代わらせ、犠牲者たちを擁護することを思いついたが、これはのちに人間の権利へと至ることになる。また、人間を世界征服へと駆りたてることによって、キリスト教は世界を脱神聖化した。だがキリスト者たちは、彼らの父祖であるユダヤ人たちの虚偽を、より悪化させながら反復してしまった。暴力を神性のうちに再び投げ入れることによって、キリスト者たちは彼ら自身の暴力を、スケープゴートらに、とりわけユダヤ人に転嫁したのである。教会は、必要であれば、神の大義は暴力によって保護されてもよいという考えにしばしば同調してきたが、そこから十字軍遠征や宗教戦争、異端審問などが生じてしまう。

供犠の問いはそれゆえ、神学者たちにとってそうであるように、ジラールの思想の中心を占めている。十字架上の供犠について語ることはできるのか。『ヘブル人への手紙』が「キリストは、みずからの供犠によって人びとの罪を消滅させるために、姿を現わしたのである」と語るのに対し、ジラールは、イエスによる受難の意味は供犠を消滅させることにあると示そうとする。暴力の儀礼と、これに終止符を打つべく成就されたイエスの死とが、同一の語で指示されうることを、彼はただちに拒絶する。こうした混同は、キリスト教を古代宗教と同列に扱う相対主義的な主張を力づけ、とくに、キリストが十字架上で死すことにより「私が望むのは憐れみであって、犠牲ではない」という神のことばに従ったことに気づくのを妨げる。シュヴァーガー神父との対話を通して、ジラールは、供犠の中枢に一つの根本的な区別を導入することによって、供犠的キリスト教を拒否する立場へと立ちかえった。旧約聖書中の或る非常に美しいテクストを読むと、「模倣の危機」という文脈で「供犠」の語がもつ啓示力を理解することができる。

ソロモンの審判（『列王記・上』三章一六―二八節）は「分身たち」の或る対立を提示している。二人の遊女が同じような糾弾の言葉を吐きつつ一人の子どもの所有権を争っている。二人のうちの一人はわが子を夜半に亡くし、どちらの女も自分こそが生きている方の子の母親だと言って譲らない。「剣を持ってこい」と王は裁断する。裁断する（*decidere*）とは「剣で以って決着をつける」という意味である。それは、係争の対象を公平に分配することによって決定不可能な状態から脱出することである。[18] 二人の女のうちの一人は王の足元に身を投げ出し、懇願する。「お願いです、王よ、彼女に子どもを与えてください。子どもを殺さないでください」と。するともう一人の女は言う。「子どもは私のものでもあんたのものでもありません、半分ずつにしてください」と。そこで王は最初の女に子どもを与える。「彼女こそ母親だ」と。

この麗しい物語はつねに、裁きを与えるべく母性本能に訴えたソロモン王の叡智に功績を置いている。ジラールの読み筋は、それとまったく異なる。この「分身たち」の紛争において、子どもにとっては致死的な供犠的解決が、唯一可能な打開策として示される。ただしそれは、満場一致が成立するという条件下である。だが、二人の女のうち、一人が拒否する。善き遊女は母となることを断念し、子どもを生かすため、みずからを犠牲に供する。ジラールにとって、彼女こそ完璧なキリストの形象（*figura Christi*）である。われわれはここで、無差別化という危機的状況を起点として、二つのロジックが対立しているのを目にする。迫害する群衆や悪しき遊女に共通する暴力のロジックと、愛のロジック、キリストおよび神の王国のロジックである。まさに同じ語であるからこそ、他者犠牲と自己犠牲とを隔てる深淵を見ることができる。

晩年の対談集において、ジラールは「十字架上の供犠」という考えを受け入れるなかで、より遠いところまで歩を進めることになる。人類とは宗教的なものが産んだものである。贄のメカニズムなしでは、人類も文化もありえなかったであろう。或る秩序は、啓示以前にはサタン的と形容されることができない。古代宗教は、人類初期共同体を保護しただけでなく、教育したのである。それゆえ、犠牲者を権利要求する神と犠牲者として自己供与する神という、神についての二つの着想間の断絶を超えて、ジラールが言うには、供犠によって象徴される、「人類史を貫く宗教的なものの逆説的一性[19]」を承認しなければならない。キリスト教は歴史的に思惟されねばならない。歴史的宗教としてのキリスト教を批判的に検討するに当たって、供犠的でない観測地点など存在しないし、まして本質的宗教としてのキリスト教など存在しない。「われわれは暴力のただなかで行為することを余儀なくされているが、そうすることでそのメカニズムをつねによりよく理解できるものなのだ[20]」。

IX　黙示録

近代の逆説とは、近代という時代が、暴力のメカニズムを認識することにより、暴力を完全に抑制することはできないまでも、少なくとも違った形にすることは可能な体制を整えたこと、だがその一方で、暴力の宗教的経済学《エコノミー》は奪われたことである。広島の原爆投下以来、核兵器は絶えずその毒でも薬でもあるというファルマコン的役割を果たしてきた。暴力を制止するのはつねに暴力なのだ。近代国家は多額の資金を投じ、抑止効果を狙って殺傷能力の高い武器を産出してきたが、その点で、近代国家は暴力に対して古代社会と同じ関係のうちにあることを、ジラールは確認する。近代国家は、みずからの神聖化された暴力の影で、かりそめの平和を享受しているのである。両者の違いは、近代国家の方は自分たちが何をしているか分かっているということである。このように、「すべては啓示されて〔暴きだされて〕いる」。われわれの身に起こることを理解するのを助けるのは、啓蒙の合理主義でもヘーゲル的観念論でもなく、福音書である。暴力を放棄するか暴力で非業の死を遂げるか、天国か地獄かの選択は、地球規模で見ると、もはや現実性に乏しいものではまったくない。福音書のテクストは、環境破壊、すなわち「海の轟きと荒れすさぶ波」を、人類の暴力的な自己破壊という脅威へと結びつけさえする。[21]

暴力的なイスラム教原理主義が、宗教的なものの回帰以上に「歴史の回帰」を勃発させているちょうどその頃、クラウゼヴィッツの思想(『戦争論』(一八三二年))と出会うことによって、ジラールは、プロイセンの軍事戦略の中心をなす直観と、模倣論との一致に衝撃を受ける。一七九九年から一八一五年にかけてのナポレオン戦争と同時期を生きたクラウゼヴィッツは、戦争のうちに、ヘーゲルのような「理性の狡知」ではなく「暴力というはたらき」を見て取るが、「この暴力の顕現には限界がない」。それは、「敵対する者の誰もが敵対する相手の法となる決闘であり、そこから、概念としては、必ずやその極限へと到ることになる相互的な行動が生じる」[22]。暴力を許容範囲に抑えこんでおくために制度化された戦争は、消滅しつつある。それは暴力の終焉を意味するものではなく、模倣的対抗の極限への上昇とともに、終焉としての暴力を意味する。武力衝突の目的が敵方の殲滅となる時、民間人でももはや容赦されず標的にされる時、戦闘員と非戦闘員の間の区別がだんだんと消滅していく時、歴史の原動機《モーター》はもはや人間たちの意志あるいは政治ではなく、暴力、それもつねによりいっそう諸々の区別や差異を暴力的に無きものとしていく、無差別化していく暴力となる。この無差別化は黙示録的なものである。

クラウゼヴィッツは以下の逆説を強調した。征服者は制覇することを欲し、平和を欲する。戦争を欲するのは、防衛する側である。ヒトラーはベルサイユ条約の屈辱に「応答する」ため一民族を総動員することになるのだろうし、ビン・ラディンは九・一一をアメリカ合衆国への「応答」とするつもりなのだろう。これは一つの人類学的法則、攻撃を仕掛ける者は、みずから防戦者をもって任じるという法則である。この相互性の法則は極限への上昇を、暴力の爆発を引き起こす。

ジラールとシャントルはこの対談集の冒頭に、パスカルの書簡集『プロヴァンシアル』からの引用を置く。「暴力が真理を抑圧しようとする戦争は、奇怪で長期に亘る戦争なのです。暴力のいかなる努力も真理を弱体化させることはできず、真理をいっそう際立たせることしかできません。ですが、真理のいかなる光も暴力を止めるためには何もできず、暴力をさらに刺激することにしかならないのですから」。ジラールにとってもパスカルにとっても、嘘と平和を欲する暴力と、これへの防衛措置として戦争を欲する真理、両者の間の容赦なき戦いは歴史を貫く決闘であり、どうすればそれが終息するのか誰にも分からない。実際、供犠による解決は啓示によって無効化された。以来、仮面を剝がされた暴力は、もはやいかなる文化的豊饒さももたず、純粋に破壊的なものとなる。民族大虐殺《ジェノサイド》、民間人の大量殺戮は、ジラールが言うには、ことごとく「供犠の失敗」である。一人のテロリストがみずからを犠牲に供する時、それは多くの命を救うためではなく、できるだけ多くの命を破壊するためになされている。

ジラールによると「黙示録が始まった」。だが、彼はこの黙示録という語に「啓示」および「破局」という二重の意味を与える。ジラールはいっさいの運命論を拒否する黙示録的な思想家である。福音書中の黙示録的テクスト群は、われわれをわれわれ自身の暴力に直面させる。このテクスト群は啓示〔暴きだし〕の一部を成している。それによると、われわれを罰するのは神ではなく、神の愛を拒むことによって、われわれこそが、われわれ自身を罰しているのである。われわれをわれわれ自身の暴力から守るべく整えられた体制が立ちゆかなくなっているのは、この啓示〔暴きだし〕の結果である。サタンはもはやサタンを追いだささない。「十字架の勝利」について語るパウロの手紙では次のように書かれている。「十字架は諸々の支配と権勢の服を剝ぎとり、キリストにおいてこれらの勢力を凱旋行進に従えて公然と晒し者にしたのであった」(『コロサイ人への手紙』二章一五節)。キリストの被った不名誉な刑罰が勝利へと変じる。ニーチェはこうした価値の逆転のうちに、キリスト教的怨恨《ルサンチマン》のしるしを見た。ジラールの方は、パウロのアイロニーに気づく。パウロは、十字架がもたらす太刀打ちできないほどの効果を、ローマ帝国軍の全能性のそれに比しているのである。凱旋する勝者というキリストのイメージは、それでも或る現実に対応している。権力や体制の暴力的起源を暴きだすことにより、イエスの十字架は、世界秩序を転覆させたのである。現世的な権力の現実性が可視性を欠くことはなかったが、それらの創設の秘密はつねに注意深く秘められてきた。「十字架の勝利」とは、あらゆる人間的領域の、血塗られた起源を暴きだす〔啓示する〕ことである。舞台裏が、犠牲者の無実とその迫害者たちの暴力を上演する表舞台となることである。サタンにその仮面を剝がすよう強いることにより、イエスの背負った十字架はサタンに対する一つの勝利をもたらす。「諸々の権勢が晒し者にされたのは、それらが敗北したからではない。公然と晒し者にされたからこそ、諸々の権勢は敗北したのである」[23]。

真理の光が暴力を止めることがないのはたしかであり、「暴力をいっそう刺激することにしかならない」場合さえある。キリスト教の歴史は雑音と狂乱に満ちている。だがジラールは、単純な良識に訴える。われわれの時代の文明ほど、犠牲者たちの置かれた境遇を気遣う文明はかつて存在しただろうかと。犠牲者たちへの気遣いは、最初の偉大な人類学的文明化である。この気遣いは、社会的、政治的、経済的生活のあらゆる側面に及ぶ。近代民主主義において、犠牲者たちへの気遣いは「人間の権利」の、そして看護、連帯、教育、さらには諸々の不平等に対する闘争に関して成し遂げられたあらゆる進歩の、根源にあるものである。他のあらゆる社会がかつてそうであったのと同じくらい、あるいは現在もなおそうであるのと同じくらい自民族中心主義的であるどころか、西洋社会は、今日に至るまでこれまでになく豊かで強大になったにもかかわらず、自分自身に厳しい非難を向けている。そのどれもが受けて当然の非難である。だが、他のいかなる文明も、この間《かん》、その苦しみがつねに黙殺されてきた、あるいは正当化されてきたスケープゴートというカテゴリーを、これほど多く啓示し〔暴きだし〕、その名誉を回復させたりはしなかった。

にもかかわらず、サタンはもはや、みずからの無秩序を抑圧すること、供犠的秩序を再建することができない。それでサタンは荒れ狂うのである。二十世紀の全体主義は、スケープゴートへの誤認に立脚する古《いにしえ》の秩序と異なり、真の意味でサタン的であった。スターリンの共産主義が数百万人の犠牲者を生みだしたのは、犠牲者たちの庇護という名目のもとである。それはちょうどヒトラーのナチズムが、犠牲者たちへの気遣いを、この気遣いを考案したユダヤ民族の大虐殺によって根絶やしにしようとした時であった。平和時であっても、贄となることを競う争いに気を揉むことはありうる。福音書の象徴的な語り口において言われているのは、サタンは、キリストの位置を占めることによって、みずからの治世を延命させようとしているようだということである。「おれはたったひとりだが、やつらはみんないっしょだ！」と叫ぶ『地下室の手記』の主人公と同様、自分以外の他者たちを悪魔化して自分自身を神格化するため、あたかも誰もが模倣的に犠牲者の位置を占めることを欲しているかのように。

聖書テクストとキリストの受難によって明るみに出された人類学的真理は、実存的な一側面を持っている。この真理は人類の運命に関わるものだが、われわれ一人一人に関わるものでもあるのだ。姦婦のエピソード〔『ヨハネによる福音書』八章三―一一節〕は、律法が要求する通りに罪の女へ石を投げつけてやろうと身構えている激昂した民衆がどのように「転向させられ」うるかを、この場合、いかにして彼らにカタルシス的暴力を思いとどまらせうるかを示している。「あなたがたのなかで罪のない者が、最初に彼女に石を投げなさい」。そう言うことで、イエスは、羊の群れの一頭一頭を群れ全体から引き離し、再び自己自身に成らざるをえなくする。最初の石とは模範がないものである。殺害行為のイニシアティヴを取るのは困難であり、群れのなかの年長者たちがその場から立ち去ると、イニシアティヴを取ることは不可能になる。年長者たちの行動はそれ以外の者たちによって模倣されることとなり、女は救われる。集団的回心のようだが、たとえ模倣《ミメーシス》が依然として巧みに働いているとしても、撤退するのは群衆ではなく、一人また一人と立ち去るのに続いて、各人が群衆から撤退するのである。完全な回心であることの回心の原則は、自己自身のうちへ降りていくこと（descente en soi-même）である。その時こそ、ダマスカスへの途上でパウロに投げかけられたあの呼び声が聞こえてくる。「なぜお前は私を迫害するのか」

というキリストの呼び声が。

原注

(1) ジラールは、聖書による啓示を主題とした最初の著作の表題を、マタイの引用〔『マタイによる福音書』一三章三五節〕に倣って旧約聖書の『詩篇』第七八篇から選んでいる。「私は口を開き、たとえ話を語ろう。私の口は、世の始めから隠されていることどもを語るだろう」。

(2) ギリシア悲劇の主人公《ヒーロー》の尊大さ《ヒュブリス》とは、彼の傲慢さ、つまり彼の思いあがった態度であり、これが彼をスケープゴートになるよう運命づけるのである。

(3) 巻末参考文献【9】五二頁。

(4) 「『ヨブ記』において結局何が問題になっているかを理解するためには、幾つかの『詩篇』を再読することが、素晴らしい鍛錬となる」（巻末参考文献【7】一五頁）。

(5) M. Weber, *Le Judaïsme antique*, trad. I. Kalinowski, Flammarion, « Champs », 2010.〔マックス・ウェーバー『古代ユダヤ教〈新装版〉』内田芳明訳、みすず書房、一九八五年〔一九六二年〕〕ジラールは自説を、『反キリスト者』その他の著作におけるニーチェの主張と接近させる。

(6) 巻末参考文献【4】二二〇—二二二頁。

(7) この聖句は、キリストの死を供犠的に読む読み筋を先取りしている。後述するように、キリストの受難についてのジラールの解釈は、反供犠的なものである。

(8) F. Nietzsche, *Fragments posthumes*〔フリードリヒ・ニーチェ『遺稿断片』〕, in *Œuvres complètes*, éd. G. Colli et M. Montinari, Paris, Gallimard, 1977, p. 63.

(9) 巻末参考文献【6】二八二頁。

(10)「平和を私はあなたがたに遺し、私の平和をあなたがたに与える。世が与えるようにではなく、私があなたがたに与える」(『ヨハネによる福音書』一四章二七節)。世界平和は、実際、贄のメカニズムの支配下にある。

(11)『ヨハネによる福音書』は、ユダヤ教の大祭司カヤファを通じて、宗教的・政治的な意味合いの強いこの警句《アフォリズム》を発させている。「あなたがたには何もわかっていない。一人の人間が民のために死んで、民族全体が滅びないですむことが、自分たちにとって得策だということを、あなたがたは考えようともしていない」(『ヨハネによる福音書』一一章四九―五〇節)。

(12)「犠牲者たちを神格化することを拒むのは、聖書による啓示のもう一方の側面と切り離すことができないし、それが最も重要な側面である。それは、神的なものがもはや犠牲者と化すことはないという側面である。人類史上初めて、神的なものと集団的暴力が互いに遠ざかっていく」(巻末参考文献【11】一八七頁)。

(13)「世の開闢以来、アベルの血から始まって流されてきたすべての預言者たちの血は、この世代から要求されるだろう」(『ルカによる福音書』一一章五〇―五一節)。

(14)「その光であることばは世にあり、世は彼を介してできたが、世は彼を知るにいたらなかった。自分に属するもののところに来たが、彼に属する人びとは彼を迎えいれなかった」(『ヨハネによる福音書』一章一〇―一一節)。強調は著者による。

(15)巻末参考文献【4】三〇〇頁。

(16)「迫害の主観的経験などというものはない。自分が何をしているか知るためには、特別な恩寵が必要となる。そしてこの恩寵のみが、キリスト教の真実をわれわれに見て取らせるのである」(巻末参考文献【12】一四三頁)。

(17)『身代りの山羊』(巻末参考文献【6】)第一三章を参照のこと。ジラールはそこで、悪霊の魔力の代わりに、躓きをもたらすものの無意識的な模倣という観念を出すことにより、このテクストの神秘的な要素を一掃している。

(18)ソロモンの「詭計」は、子どもたちを贄とする供犠が、預言者から断罪されながらも、依然として行われているという時代状況を映している。その供犠とは、犠牲者を半身に切り裂いて分け与えることにより、分身たちを和解させるというものである。

(19)「スケープゴートの神的な再使用は、人類の宗教的一性を確たるものにする。おそらくこれを、一つの旅のように考えねばならないのだろう。第一の供犠の外へ出て、キリスト以外を通しては接近不可能な、第二の供犠へと向かう、緩慢でぞっとする旅のように」(巻末参考文献【12】八〇頁)。

(20)巻末参考文献【17】八〇頁。

(21)「地上では、諸国民が海の轟きと荒れすさぶ波とのゆえにおじ惑い、苦悶するだろう」(『ルカによる福音書』二一章二五節、巻末参考文献【4】二六四頁を参照のこと)。

(22)巻末参考文献【17】三二頁より引用。この書において、ジラールはクラウゼヴィッツが直観した事柄を最後までやり遂げようとしている。つまり「極限への上昇」とは概念に留まるものではなく、現実になることを証明しようとしている。

(23)巻末参考文献【11】一八八頁。

ジラールの企てを何と呼ぶべきかは難しい。彼の企てはあまりに特異なので、模倣論について下される多くの審判は、審判を下した当の者たちへとはね返ってくることにしかならないからである。模倣論を「還元主義的」と非難することは、合理性の進歩が、新たな術語から成る学問を増殖させることにあるのではなく、むしろ逆に、術語間に新たな関係を打ちたてることにより、体系化の作業を通して学問を縮約することにある点を誤認することである。模倣《ミメーシス》を歴史の唯一にして真なる原動機《モーター》とするこの模倣《ミメーシス》の理論家にとって、愛情と憎悪、無秩序と秩序、古代と近代、善と悪などの対義語の間には、非連続性よりも連続性のほうが多く認められる。ジラールは、偽りの差異（自我と他者たち）、断絶（神話と科学）、不毛な対立（理性と信仰）を告発する。彼にとっては、ロマネスク的一性と、あらゆる文化の一性があるだけである。もっと言えば、食人《カニバリズム》からキリスト教まで、宗教的なものの逆説的な一性があるだけである。(1)

それゆえジラールが、人文科学を統一するというプロジェクトを思いついたのは驚くべきではない。

それはちょうど、人文科学の過度な専門化や形式化が、神の死以降、「人間の死」[2]を予見させようとしていた、まさにその時である。一歩一歩独学で構築されてきた彼の企てが、学者の世界の一部にとっては躓きの石となったことも、驚くにあたらない。模倣論は科学と言えるのか。模倣論が普遍的な解法たることをみずから標榜しているという理由でなら、そうではなかろう。だが、或る学説をあまりに説明能力が高すぎると非難できようか。事実として言えるのは、その学説によって、伝統社会における聖なるものの現存や、現代社会における聖なるものの後退を説明できるということ、諸々の儀礼や制度の、およびそれらがそこで意義を失う「供犠の危機」の、生成過程を説明できるということである。贄のメカニズムという、模倣の危機の自然発生的な解決から生じるのは、文化の総体なのである。

もし或る学的仮説を、それが最も多くの事実を知解可能なものにしうるかどうかで評価できるとしたら、ジラールの発見は、異論なく人類学を、学としての確実な道の上に進歩させた。彼の学説以前、家畜化から君主制まで、聖なるものと関連するすべての現象を統一し、知解可能なものとする学説は、いっさい存在していなかった。同様に、哲学においても人文科学の他のいかなる学問分野においても存在していなかったのは、本質的な、あるいは原初的な暴力についての反省である。ヒト科にその暴力的な過度の模倣が突きつけた死活問題は、解決されたわけではなく、社会契約論によって空洞化されたにすぎない。日々体験しているがゆえにひとが憂慮している諸々の暴力については、それらもまた強制退去させられたと言える。つまり、暴力的なのはヒト科以外の他者たちであって、ひとはその原因を、歴史や自然、ないし社会のうちに探るのである。もしくはそれは宿命なのだ。実際フロイトは、説明不可能なものを説明するため、「死の本能」なるものを考えだすところまで行きついた。

宗教的なものの謎を解決することによって、殺害される以前には神々が存在しないことを発見することによって、ジラールは文化上の進化に関する一般理論へと歩を進めた。終わらない暴力に対する唯一の防御壁が、身代わりの犠牲者のメカニズムという、神々の製造装置であるため、この進化は起源からして宗教的なものである。ジラールは以下のような仮説を立てる。自然発生的な私刑《リンチ》は、ヒト化に向けた自然的な選別手段だったのだと。しかもその選別は、一定数の原始人集団が自壊するのを妨げるのみならず、段階的なプロセスを通じて、またきわめて長期的なスパンで、これらの集団を「人間の本性」としての文化がそこに位置する象徴世界に投げこむという仕方でなされたのだと。一九七二年、ジョルジュ・ユベール・ド・ラドコウスキーは、ジラールの学説について次のように書くことができていた。それは宗教についての最初の無神論的な学説であり、また、その出現をこれから証明しようとするところのものをすでにそこに前提していない最初の学説でもあると[3]。

ジラールは、ダーウィン説信奉者でありかつ(et)キリスト教信仰者である思想家たることをみずから標榜している。「と(et)」は共通要素のないもの同士を並置したりもするが、ここでの「と(et)」は、暴力と聖なるものを繋ぐ「と(et)」以上に異質なものを繋いでいるわけではない。彼はその学的仮説の宗教的起源を隠していた時期があると咎められたことがある。この非難は多かれ少なかれ正当なものである。ルネ・ジラールは、何よりもまず研究者である。彼が身を置いているのは科学的真理の場であるが、戦略的とはいえ、学界へ仮説を提示する際、その土台となるのが明らかに福音書であることを「啓示」の形で強調できていなかった。しかしながら、ジラールのきわめて偉大な特異性は、次の事実に由来している。それは、彼の研究が彼をキリスト教へ導くことになったと、[4] また「回心は認識のための前提条件である」[5] と、相次いでしかも自己矛盾なく断言できているという事実である。一方で、この模倣の理論家にとって、因果関係とは循環的なものであり、結果はその原因へと遡行的に作用を及ぼすものである。他方で、古代宗教のこの上なく常軌を逸した儀式や禁忌に合理的説明を与え、人類を宗教が産んだものとするような思想にとっては、スケープゴートのメカニズムを暴きだす〔啓示する〕仕方の人類学的バージョンと神学的バージョンとの間に、矛盾も競合も存在しない。まず、宗教的なものの最もラディカルな脱神話化がわれわれに到来するのは、聖書それ自身からである。次に、唯一の打ち消しがたい差異とは、真実を虚偽から分け隔てる差異、たとえば、『創世記』におけるヨセフ物語の真実と、オイディプス神話の虚偽とを隔てる差異である。そしてこの差異は、合理的な仕方で定義されている。

ジラールの理性主義は、啓蒙の哲学のそれではない。ジラールは科学を信じているが、自然本性的な善性も社会性も信じていない。彼は原罪を信じており、道具化された理性にのしかかる諸々の脅威を認識している。彼には理性と信仰を対立させる気がない。彼は哲学的観念論を、暴力に関する共犯関係的な誤認を生きながらえさせ、その啓示〔暴きだし〕以前に起こる事柄〔神話学〕と、その啓示〔暴きだし」以後に起こる事柄（人類史）を理解可能にする唯一のテクスト〔訳注：ユダヤ＝キリスト教の聖書〕を知的な仕方で「追放」したと非難する。〔この「追放」により〕福音書は供犠に終止符を打ったのではなく、誤認を暴露することによって、供犠からその治療的な効力を奪い去るだけに終わったのである。

ジラールは自分自身を黙示録的思想家と呼んでいる。黙示録は、破局だけでなく「啓示」をも意味する。その最後の著作で、(6)ジラールは次のように書いている。「暴力はかつて聖なるものを生みだしていたが、もはや暴力それ自身以外の何ものも生みださなくなっている」と。アッラーの狂信者たちが手を染めた血みどろの忌まわしい行いの数々は、それ以外の何も語らない。福音書中の他のテクストより読まれる頻度がずっと少ないテクスト、すなわち福音書中の黙示録的テクスト群に含まれる真実に、現実が追いついたのである。自然災害と人間の暴力がそこでは混然一体となっている。テーバイのペストないし聖書の洪水との違いは、「極限への上昇」と水位の上昇とが、いまや完全に合理的な光で照らされるということ、また、そこでは神が何の役にも立たないということである。

ルネ・ジラールの思想を「反動的（réactionnaire）」と呼ぶ者たちは、かつてミシェル・フーコーがその「意図せぬ深さ(7)」を指摘したような馬鹿げたことを〔ジラールへの批判が自分たち自身へ反作用的（réactionnaire）にはね返ってくるとも知らず〕臆面もなく口にする。ジラールの思想は、その独自の成果について審判を下されうるような思想を生みだすことができないわれわれの時代の無能さを教える。思考は一種の行動様式でなくてはならないし、財産管理人的な、あるいは器物損壊者的な効果を持たねばならない。人びとを解放するか、もしくは隷従させるのでなければならない。ジラールは真理を信じている。意味の喪失を語る言葉、語りえないものさえも語る言葉の力を信じている。「私が思うに、真理とは虚しい語ではありません。あるいは今日言われるように、単なる「効果」ではありません。狂気や死の淵から私たちを引きもどすことができるものはすべて、これからは、どこかでこの真理と固く結びついているのではないかと思うのです[8]」。

原注

(1) 巻末参考文献【15】一二九頁。

(2) **M. Foucault**, *Les Mots et les choses*, Paris, Gallimard, 1966〔ミシェル・フーコー『言葉と物〈新装版〉――人文科学の考古学』渡辺一民/佐々木明訳、新潮社、二〇二〇年〕, p. 398.

(3)『ル・モンド』一九七二年十月二十七日号を参照のこと。

(4) 前掲資料、三一―三二頁を参照のこと。

(5) 巻末参考文献【12】九九頁。

(6) 巻末参考文献【17】一一頁。

(7) **M. Foucault**, *Les Mots et les choses, op. cit.*〔ミシェル・フーコー『言葉と物〈新装版〉――人文科学の考古学』、前掲書〕, p. 339.

(8) 巻末参考文献【4】五七七頁。

訳者あとがき

本書は、Christine Orsini, *René Girard* (coll. « Que sais-je ? » n° 4106, Paris, Humensis, 2018) の全訳である。

ルネ・ジラール（一九二三―二〇一五年）は、「模倣的欲望」という概念を中心とする欲望論や、これをベースにした「贄のメカニズム」というシステムを中心とする供犠論で知られる、「暴力と宗教的なものの人類学〔人間学〕者[1]」である。フランス南東部の都市アヴィニョンで生まれ、一九四七年に政府奨学金とフランス語教師のポストを得て渡米して以降、生涯をアメリカの地で送った。ジョンズ・ホプキンス大学、ニューヨーク州立大学バッファロー校で教鞭を執り、最終的にスタンフォード大学で比較文学の教授を務めた。歴史学者としてその研究者人生を開始しつつも、「模倣《ミメーシス》」をキーワードとする、人間の欲望および人間の暴力への文芸批評家としての／人類学者としてのアプローチ、学問分野の垣根を超えた数々の国際シンポジウムの企画開催と研究組織の立ち上げ、宗教的テロリズムや国家間紛争など現代世界を脅かす広義の「戦争」についての省察、そして晩年の古代遺跡調査協力に至るまで、ジラールの仕事はきわめて多面的である。しかし、彼の関心は一貫して「人間」そのものにあり、その眼差しはつねに「人間の現実」へと向けられていた。『欲望の現象学――ロマンティークの虚偽とロマネスクの真実』（一九六一年、邦訳一九七一年）、『暴力と聖なるもの』（一九七二年、邦訳一九八二年）、『世の初めから隠されていること』（一九七八年、邦訳一九八四年）、『身代りの山羊』（一九八二年、邦訳一九八五年）、『文化の起源――人類と十字架』（二〇〇四年、邦訳二〇〇八年）等、多数の著作がある。一九六六年にジラールが他の研究者らと共同開催した国際シンポジウム「批評の言語と人文科学」は、同シンポジウムに招聘されたジャック・デリダの思索に代表される脱構築やポスト構造主義の思想が、「現代フランス思想」としてアメリカに紹介されるきっかけとなった。これはのちに、「フレンチ・セオリー」という名称を与えられることになる。こうした一連の仕事が高く評価され、一九九六年、ジラールはアカデミー・フランセーズの哲学大賞を受賞した[2]。さらに、二〇〇五年三月、アカデミー・フランセーズ会員に選出されている[3]。

ジラールと旧知の間柄であり、彼のアカデミー・フランセーズ選出の立役者となった科学哲学者ミシェル・セール（一九三〇―二〇一九年）は、ジラールを「人文科学分野〔人類学〕のダーウィン」と評した。自然科学におけるダーウィンの「進化論〔ヒトという種が最初から独立自存しているわけではなく人間は動物の子孫である〕」に、人文科学におけるジラールの「模倣論〔人間は独立自存した生き物ではなく他者を模倣する動物である〕」をなぞらえたのである。実際、従来の天動説に異を唱え地動説を主張したコペルニクスのように、また、従来の意識中心主義に異を唱え無意識の存在を主張したフロイトのように、ジラールの探究は、「人間」に対する見方を一八〇度転換させた。西洋近代小説、ギリシア神話を始めとする世界各地の神話、ギリシア悲劇、シェイクスピア演劇、ユダヤ＝キリスト教聖書、哲学書、アングロサクソン系の人類学研究書など、多岐にわたるテクストや伝承を研究材料としつつ、ジラールが練り上げた独自の学説、「模倣論」の概要は、以下の三点にまとめられる。

第一に、人間は自発的に何かを欲望することはできず、つねに自分以外の他者たちの欲望を模倣する生き物であること〔ただし、この「他者たち」は誰でもよいわけではなく、究極的には、自分にとって模範であると同時に仇敵となりうる存在、ジラールの言い方では、欲望の「媒介者」となる〈（大文字の）他者（l'Autre）〉でなければならない〕。そしてこの「模倣的欲望」が、〈他者〉の欲望を模倣した者とその欲望を模倣された〈他者〉との間に、欲望された同一の対象をめぐる諍いを引き起こし、やがては諍いの原因たる対象を度外視して、諍いそのものが目的化してしまうこと。さらにこの暴力的な敵対関係が、疫病のごとく他の人びとにまで伝染していくということである。第二に、人類の歴史上、宗教〔聖なるもの〕や文化〔言語、儀式、禁忌、制度〕の起源においては、この「模倣的対抗」がもたらす共同体の危機的状況を回避させるような仕方で、「贄のメカニズム」という機制が働いてきたこと。すなわち、共同体内部に蓄積された暴力を解放して秩序と平和を取り戻すため、集団から特定の個人へと一斉に暴力が向けられ、追放ないし殺害という形で共同体外部へ排除されたこのスケープゴートが、のちに儀礼を通して神格化されてきたということである。第三に、この「贄のメカニズム」に人類史上終止符を打ったのが、人類全体の罪を贖うため十字架にかけられたとされるイエス・キリストであること。すなわち、集団的迫害のターゲットにされた個人は、実は、共同体構成員たちがみずからの罪状を隠蔽するため、「誤解・誤認」に基づく無実の罪を着せられて追放ないし殺害されたのだが、イエスは宣教の旅の過程でそうした「犠牲者たちの無実」を告げ知らせるとともに、彼自身が最後の無辜の犠牲者となることによって、人間に固有の「模倣」のメカニズム全体を「暴きだした〔啓示した〕」ということ。またそれを、イエスの言行録である『福音書』が全人類に向けて「暴きだした〔啓示した〕」ということである。

本書『ルネ・ジラール』の著者であるクリスティーヌ・オルスィニ氏は、ジラールを、従来の『人文科学（les sciences humaines）』の枠組みに囚われることなく、「真の人間学（une véritable science de l'homme）」を立ち上げた人物と評している。哲学の教授資格をもつオルスィニ氏は、フランスの伝統的な思考訓練を受けた哲学のスペシャリストであるが、「思想」というものに対する彼女の鑑識眼と、それを第三者へと披瀝する手腕は確かである。本書の構成を見ても、ジラールの人生行路の簡潔な紹介に始まり（第一章）、欲望論（第二章）、供犠論（第三章）、そして聖書論（第四章）と、ジラールの学説の時系列的な展開過程だけでなく、その思想展開の論理的必然性が、専門外の者にも伝わるよう説得的に描きだされている。概説書としては文句のない出来ばえである。また、集団による個人のリンチ殺人としての供犠に光を当てて人間の救いようのなさを抉りだす第三章から、供犠からの全人類的な離脱の出来事として、人類の救い主、イエスの宣教や受難を描き取る第四章への移行はドラマティックであり、一筋の光明が差し込んできたような印象を与える。読み手にカタルシスを味わわせるという意味で、思想の入門書としてのみならず、文学的読み物としても良質である。なお、本書『ルネ・ジラール』刊行時、氏はジラールのもとで設立されたミメーシス研究会の事務局長を務めておられたが、直近の総会で副会長に選出されている（二〇二三年二月現在）。

　思想のアクチュアリティ（現代性）という観点から訳者が注目したのは、「欲望の三角形」という図式で代表されるジラールの欲望論ではなく、「贄のメカニズム」を軸とする供犠論の方であった。ジラールの供犠論を特徴づけるのは、近代以降の法治国家が整備してきたような法体系を持たず、諸々の儀式と禁忌のみで成り立つ古代都市国家や原始的な未開社会が、共同体内部に蓄積した暴力を解放し、秩序と平和を取り戻すために必要とした「贖罪のヤギ（身代わりの犠牲者、身分の貴賤を問わず集団の標的とされるスケープゴート）」という観念である。現代日本の文学作品で言えば、村上春樹氏の長編小説『1Q84』（二〇〇九―二〇一〇年）のなかで新興宗教の教祖に対する「始祖殺し」のシーンが出てくるが、同作品には、文化人類学者という設定の人物やジェームズ・フレイザーの『金枝篇』が登場する。世界各地で見受けられる「王殺し」という風習、すなわち新旧の王の交代劇に伴う殺害行為で、宗教的支配者たる王自身が共同体のスケープゴートと化すという現象に着目したフレイザーのこの著作は、ジラールもまた参照した人類学研究書である。その性質上、俗世間の常識や規範とは一線を画したところに成り立つ宗教集団以外でも、現代社会における実質的な無法地帯、例えば著名人や公人が不特定多数の匿名の人びとから容赦なくターゲットにされるインターネット社会のあり様、一種の「供犠的儀礼」が執行される場としてのあり様を考える上で、ジラールの供犠論は、鍵になる学説だと思われる。とくに、集団内部の模倣的な敵対関係が疫病（ペスト）のように人びとの間へ広まり、犠牲に供されるべきターゲットが見つかるまで疫病その他の災いは終息しない（見つかれば終息する）。そのため、恣意的なスケープゴート作りが、或る個人に対する集団の一方的な「誤解・誤認」に基づいてなされるというくだりは、SNSによる誹謗中傷が社会問題化し、しかも疫病（コロナ）が世界的に蔓延している現在の「黙示録的な」状況を鑑みるに、背筋が寒くなるようなリアリティを感じさせる。

普遍的な宗教的真理の解明に重きをおく「宗教哲学」を専門領域とする訳者としては、ジラールが現にキリスト教信仰を持っていたという事実を考慮すると、彼の学説におけるイエスや『福音書』への特権的なスポットライトの当て方が気にならないわけではない。ジラールの思想に初めて触れる日本の若い読者にとっては、唐突な価値選択が行われているように見えるかもしれないし、肝心の思想自体に取っつきにくいという印象を与えかねない。ただ、ジラールの場合、順序としては、学問理論の実質的な完成の方が、キリスト教への入信に先立っていたようである（最初の著作『ロマンティークの虚偽とロマネスクの真実』（一九六一年）の結論部を執筆している際、宗教的回心にも比すべき「ロマネスク的回心」を経験したとのちに彼は述懐しており、実際、一九六〇年にカトリック入信を果たしている）。また、宗教的真理の普遍性は、結局のところ、キリスト教や仏教、イスラーム等の特殊的具体的な諸宗教のなかで追究されるしかないという宗教哲学者の見方もある。その意味で、歴史的・地理的・文化的制約を受けながらも、「人間とは何か」という基礎的かつ普遍的な問いへと収斂するジラールの探究は、一つの歴史的宗教を手引きとしつつ人間的真実を炙りだす仕方として、宗教哲学研究者にも示唆を与えるものかもしれない。

本訳書の出版に関しては、白水社編集部の小川弓枝さんからさまざまなご助力をいただいた。この場を借りて厚くお礼申し上げたい。また、京都大学文学研究科の杉村靖彦先生には、ジラールの思想に取り組む機会と、白水社との貴重なご縁を与えていただいた。心から感謝を捧げる次第である。

二〇二三年二月

末永絵里子

後注

（1）ミメーシス研究会（ARM : Association Recherches Mimétiques）のＨＰより「略歴」の項（https://www.rene-girard.fr/57_p_44415/biographie.html）を参照。

（2）アカデミー・フランセーズのＨＰより「哲学大賞」の項（https://www.academie-francaise.fr/grand-prix-de-philosophie）を参照。

（3）アカデミー・フランセーズのＨＰより「ルネ・ジラール」の項（https://www.academie-francaise.fr/les-immortels/rene-girard）を参照。

著者略歴
クリスティーヌ・オルスィニ（Christine Orsini）
哲学の教授資格《アグレガシオン》取得者であり、現在、ミメーシス研究会（ARM）副会長兼事務局長。
著書に『ルネ・ジラールの思想』（レッツ社、1984年）、共著に『ルネ・ジラールと悪の問題』（グラッセ社、1982年）、『ジラールと西洋哲学』（執筆を担当した章「ジラールとブレーズ・パスカル」、ミシガン大学出版局、近刊）がある。

訳者略歴
末永絵里子（すえなが・えりこ）
京都大学文学部人文学科（哲学基礎文化学系・宗教学専修）卒業。
京都大学大学院文学研究科博士課程（思想文化学専攻・宗教学専修）研究指導認定退学。パリ第10大学博士課程修了（哲学博士号取得）。
京都芸術大学ほかで非常勤講師を務める。

参考文献 (1)

ルネ・ジラールの主要著作

【1】 *Mensonge romantique et vérité romanesque*, Paris, Grasset, 1961 ; rééd. Pluriel, 2011.〔『欲望の現象学——ロマンティークの虚偽とロマネスクの真実』古田幸男訳、法政大学出版局、1971年〕

【2】 *La Violence et le Sacré*, Grasset, 1972 ; rééd. Pluriel, 1996.〔『暴力と聖なるもの』古田幸男訳、法政大学出版局、1982年〕

【3】 *Critique dans un souterrain*, Lausanne, L'Âge d'Homme, 1976 ; rééd. Paris, LGF, «Le Livre de Poche», 1983.〔『地下室の批評家』織田年和訳、白水社、1984年〕

【4】 *Des choses cachées depuis la fondation du monde*, Paris, Grasset, 1978 ; rééd. LGF, «Le Livre de Poche», 2016.〔『世の初めから隠されていること』小池健男訳、法政大学出版局、1984年〕

【5】 *To Double Business Bound*, Baltimore et Londres, The Johns Hopkins University Press, 1978.〔『ミメーシスの文学と人類学——ふたつの立場に縛られて』浅野敏夫訳、法政大学出版局、1985年〕

【6】 *Le Bouc émissaire*, Paris, Grasset, 1982 ; rééd. LGF, «Le Livre de Poche», 1986.〔『身代りの山羊』織田年和／富永茂樹訳、法政大学出版局、1985年〕

【7】 *La Route antique des hommes pervers*, Paris, Grasset, 1985 ; rééd. LGF, «Le Livre de Poche», 1985.〔『邪な人々の昔の道』小池健男訳、法政大学出版局、1989年〕

【8】 *Shakespeare, les Feux de l'envie*, Paris, Grasset, 1990 ; LGF, «Le Livre de Poche», 1993.〔『羨望の炎——シェイクスピアと欲望の劇場』小林昌夫／田口孝夫訳、法政大学出版局、1999年〕

【9】 *Quand ces choses commenceront*, Paris, Arléa, 1994 ; rééd. «Arléa poche», 2006.〔『このようなことが起こり始めたら…——ミシェル・トゥルゲとの対話』小池健男／住谷在昶訳、法政大学出版局、1997

(1) ミメーシス研究会(ARM)のウェブサイト(www.rene-girard.fr)では、ジラール関連の最新情報を閲覧できる。同サイトでは、模倣論を射程とするテーマについてのセミナーや講演会、コロックに、多くの動画や、ルネ・ジラール本人の同意を得て採録された対談のおかげでアクセスできる。

年〕
【10】*The Girard Reader*, éd. J.G. Williams, New York, Crossroad, 1996.
【11】*Je vois Satan tomber comme l'éclair*, Paris, Grasset, 1999 ; LGF, « Le Livre de Poche », 2001.〔『サタンが稲妻のように落ちるのが見える』岩切正一郎訳、新教出版社、2008年〕
【12】*Celui par qui le scandale arrive*, Paris, Desclée De Brouwer, 2001 ; rééd. Pluriel, 2011.
【13】*La Voix méconnue du réel*, Paris, Grasset, 2002 ; LGF, « Le Livre de Poche », 2004.
【14】*Le Sacrifice*, Paris, Bibliothèque nationale de France, 2003.
【15】*Les Origines de la culture*, Paris, Desclée De Brouwer, 2004 ; rééd. Pluriel, 2015.〔『文化の起源――人類と十字架』田母神顯二郎訳、新教出版社、2008年〕
【16】*De la violence à la divinité*, Paris, Grasset, 2007.
【17】*Achever Clausewitz*, Paris, Carnets Nord, 2008 ; rééd. Flammarion, « Champs Essais », 2011.
【18】*Anorexie et désirs mimétiques*, Paris, L'Herne, 2008.
【19】*La Conversion de l'art*, Paris, Carnets Nord, 2008 ; rééd. Flammarion, « Champs Essais », 2010.
【20】*Géométries du désir*, Paris, L'Herne, 2010.
【21】*Sanglantes Origines*, trad. B. Vincent, Paris, Flammarion, 2011 ; rééd. « Champs essais », 2013.

ルネ・ジラールの思想から直接想を得た著作(2)

【22】Aglietta M., Orléan A., *La Violence de la monnaie*, Paris, Puf, 1998.〔ミシェル・アグリエッタ／アンドレ・オルレアン『貨幣の暴力――金融危機のレギュラシオン・アプローチ』井上泰夫／斉藤日出治訳、法政大学出版局、1991年〕
【23】Alison J., *Le Péché originel à la lumière de la Résurrection*, Paris, Cerf, 2009.
【24】――, *12 Leçons sur le christianisme*, Paris, Desclée De Brouwer, 2015.

(2) 暴力と宗教についての国際コロキウム（COV＆R）のウェブサイト（www.uibk.ac.at/theol/cover）では、ルネ・ジラールについて英語で書かれた著作の文献リストを閲覧できる。

【25】Anspach M. (dir.), *René Girard. Cahiers de l'Herne*, n° 89, 2008.

【26】――, *Œdipe mimétique*, Paris, L'Herne, 2010.

【27】Barberi M.S. (dir.), *La Spirale mimétique. Dix-huit leçons sur René Girard*, Paris, Desclée De Brouwer, 2001.

【28】Chantre B., *Les Derniers Jours de René Girard*, Paris, Grasset, 2016.

【29】Deguy M., Dupuy J.-P. (dir.), *René Girard et le problème du mal*, Paris, Grasset, 1983.〔ミシェル・ドゥギーとの共編『ジラールと悪の問題』古田幸男／秋枝茂夫／小池健男訳、法政大学出版局、1986年〕

【30】Dumouchel P. (dir.), *Violence et vérité*, Paris, Grasset, 1985.

【31】――, *Le Sacrifice inutile*, Paris, Flammarion, 2010.

【32】Dupuy J.-P., Dumouchel P., *L'Enfer des choses*, Paris, Seuil, 1979.〔ポール・デュムシェルとの共著『物の地獄――ルネ・ジラールと経済の論理』織田年和／富永茂樹訳、法政大学出版局、1990年〕

【33】Dupuy J.-P., *Ordres et désordres*, Paris, Seuil, 1982.〔『秩序と無秩序――新しいパラダイムの探求』古田幸男訳、法政大学出版局、1987年〕

【34】――, *La Marque du sacré*, Paris, Carnets Nord, 2008.

【35】Girard R., Vattimo G., *Christianisme et modernité*, Flammarion, « Champs », 2009.

【36】Oughourlian J.-M., *Un mime nommé désir*, Paris, Grasset, 1982.

【37】――, *Notre troisième cerveau*, Paris, Albin Michel, 2013.

【38】Perret B., *Penser la foi chrétienne après René Girard*, Paris, Ad Solem, 2018.

【39】Ramond C. (dir.), *La Théorie mimétique, de l'apprentissage à l'apocalypse*, Paris, Puf, 2010.

【40】――, *Le Vocabulaire de René Girard*, Paris, Ellipses, 2009.

【41】―― (dir.), « René Girard politique », *Cités*, no 53, 2013.

【42】Schwager R., *Avons-nous besoin d'un bouc émissaire ?*, trad. É. Haeussler et J.-L. Schlegel, Flammarion, 2011.

【43】Scubla L., *Lire Lévi-Strauss, le déploiement d'une intuition*, Paris, Odile Jacob, 1998.

文庫クセジュ　Q 1057
ルネ・ジラール

2023年 3 月10日　印刷
2023年 4 月 5 日　発行
著　者　クリスティーヌ・オルスィニ
訳　者 © 末永絵里子
発行者　岩堀雅己
印刷・製本　株式会社平河工業社
発行所　株式会社白水社
東京都千代田区神田小川町 3 の 24
電話　営業部　03 (3291) 7811 / 編集部　03 (3291) 7821
振替　00190-5-33228
郵便番号　101-0052
www.hakusuisha.co.jp

乱丁・落丁本は，送料小社負担にてお取り替えいたします．
ISBN978-4-560-51057-5
Printed in Japan

文庫クセジュ

哲学・心理学・宗教

754 パスカルの哲学
764 認知神経心理学
773 エピステモロジー
778 フリーメーソン
780 超心理学
789 ロシア・ソヴィエト哲学史
793 フランス宗教史
802 ミシェル・フーコー
807 ドイツ古典哲学
848 マニ教
862 ソフィスト列伝
866 透視術
874 コミュニケーションの美学
880 芸術療法入門
892 新約聖書入門
900 サルトル
905 キリスト教シンボル事典
909 カトリシスムとは何か
910 宗教社会学入門
914 子どものコミュニケーション障害
931 フェティシズム
941 コーラン
944 哲学
954 性倒錯
956 西洋哲学史
960 カンギレム
961 喪の悲しみ
968 プラトンの哲学
973 100の神話で身につく一般教養
977 100語でわかるセクシュアリティ
978 ラカン
983 児童精神医学
987 ケアの倫理
989 十九世紀フランス哲学
990 レヴィ＝ストロース
992 ポール・リクール
996 セクトの宗教社会学
997 100語でわかるマルクス主義
999 宗教哲学
1000 イエス
1002 美学への手引き
1003 唯物論
1009 レジリエンス
1015 100語でわかる子ども
1018 聖なるもの
1019 ギリシア神話シンボル事典
1020 家族の秘密
1021 解釈学
1022 デカルト
1027 思想家たちの100の名言
1030 サン＝シモンとサン＝シモン主義
1033 ストア派
1038 キリスト教会史100の日付
1044 スピノザ入門
1045 100語でわかる旧約聖書
1046 こころの熟成—老いの精神分析
1049 今日《こんにち》の不安—さまざまな概念と臨床
1051 シモーヌ・ヴェイユ
1053 北欧神話100の伝説